泥水盾构隧道掘进力学

潘秋景　徐涛　侯传坦　王树英 ⊙ 著

SLURRY TBM
TUNNELLING MECHANICS

中南大学出版社
www.csupress.com.cn
·长沙·

前　言

　　泥水盾构施工以泥水舱内加压泥浆作为媒介支护隧道开挖面前方土体，具有泥浆压力易于控制、地层扰动小、刀具磨损小等优点，在城市地铁、大型越江过河等隧道工程建设中得到了广泛应用。开挖面稳定性是泥水盾构隧道掘进过程中的关键力学问题，合理的泥浆配制和有效的泥浆压力传递，是保障复杂地质条件下泥水盾构隧道掘进安全的基本条件。

　　泥水盾构掘进施工是一个动态过程，在泥水舱内超额泥浆压力作用下，泥浆侵入开挖地层形成泥膜，在地层中引起超孔隙水压力，同时将泥浆压力传递给土体以抵抗地层中的水土压力，维持开挖面稳定。在泥水盾构掘进过程中，刀具切削会破坏泥浆入渗过程和泥膜的完整性并干扰泥浆压力的传递，导致泥浆压力损失，不利于开挖面的稳定。本书介绍了泥水盾构隧道掘进力学领域的最新研究成果，力求通过严谨的试验测试和理论分析，深入探究泥浆浓度和盾构施工因素(刀具切削、泥浆掺砂)对泥浆入渗规律(泥浆滤失、泥膜厚度、泥膜渗透系数)及泥膜形成机理的影响，揭示刀具切削、泥浆入渗和地下水渗流联合作用下泥水盾构隧道开挖面失稳机理等关键科学问题。研究成果将丰富泥水盾构隧道掘进力学，为指导泥浆配制、泥浆压力设定和隧道开挖面稳定控制提供科学依据，具有重要的理论意义和广阔的应用前景。本书强调试验测试、理论分析与实际应用的结合，是一本适合岩土工程、隧道与地下工程等领域的研究人员、大专院校师生和企业工程技术人员的参考书。

全书共 7 章。第 1 章绪论，主要介绍了盾构隧道开挖面稳定性的基本原理及国内外研究现状；第 2 章介绍了泥浆基本性质、泥浆渗透试验及考虑泥浆浓度和盾构施工因素的泥浆入渗规律；第 3 章介绍了岩土塑性力学极限分析的基本原理；第 4 章介绍了基于空间离散技术的隧道开挖面三维旋转破坏机构及模型的误差校核；第 5 章介绍了稳态渗流作用下盾构隧道开挖面稳定性上限分析数值方法；第 6 章介绍了稳态渗流作用下 3 种盾构隧道开挖面泥浆压力传递机制及进行了开挖面稳定性上限分析；第 7 章介绍了考虑瞬态渗流和动态泥膜的盾构隧道开挖面泥浆压力传递效率及开挖面稳定性上限分析。

在成书过程中，得到了中南大学土木工程学院王素堂、余家骥、王政、陈志宇等研究生的诸多帮助，在此对他们表示衷心的感谢。本书的相关工作受到国家自然科学基金（资助号：52108388 和 52378424）、湖南省自然科学基金（资助号：2022JJ40611）、湖南省科技创新计划资助项目（资助号：2021RC3015）和中国博士后科学基金（资助号：2024M752501 和 GZC20241299）的资助，在此对以上基金的支持表示感谢。

本书在编撰过程中参考了众多前人的研究成果，虽经多次修改，但由于作者水平有限，书中难免有疏漏和不妥之处，恳请广大读者和专家批评指正。

作者

2024 年 8 月

目 录

第 1 章
绪论

1.1 引言

随着我国城市化进程的推进，城市人口急剧增加和土地资源快速减少，可以预见城市发展会面临越来越严重的问题，包括交通拥堵、噪声污染、环境问题等[1]。合理开发城市地下空间是解决城市可持续发展问题的一个重要途径。近年来，为了高效、绿色地解决城市地面拥堵的问题，我国各大城市的轨道交通、地下道路和地下综合管廊等基础设施建设进入了如火如荼发展的阶段。盾构法施工具有效率高、掘进速度快、机械化程度高、对周边环境影响小、作业安全性高及施工占地少等优点，已经成为我国软弱地层隧道建造的主流方法[2-3]。

盾构掘进与地层相互作用是一个典型的岩土工程弹塑性力学问题，在施工过程中不可避免地会对地层产生一定的扰动，诱发地层变形。控制开挖面的稳定是盾构隧道施工过程中的关键工程问题之一[4]，隧道开挖面一旦发生失稳破坏，会引发地面塌陷、邻近建(构)筑物破坏等事故，造成巨大的生命财产损失。国内外发生的由盾构隧道开挖面失稳引发的安全事故屡见不鲜，包括瑞士Hermetschloo 隧道[5]、杭州市风情大道地铁一号线盾构隧道工程[6]、广州地铁三号线盾构隧道工程[7]、扬州瘦西湖隧道工程[8]等。近年来，我国大直径和越江海盾构隧道工程数量急剧增加。据统计[9-10]，截至 2021 年底，我国开工修建的 10~14 m 大直径盾构隧道工程共 65 项，直径超过 14 m 的超大盾构隧道工程有 59 项，其中大部分为越江海隧道。当盾构掘进面临浅覆土、大直径、高水压地层时，随着盾构开挖直径增大，穿越复杂和不利地层的可能性越大，密封舱内泥浆压力或渣土压力梯度更大，开挖面上水土压力平衡极为困难，大直径盾构掘进与高水压地层相互作用机理更为复杂，开挖面的失稳风险也变得更高。大直径盾构隧道开挖面的压力传递机理更为复杂，其稳定性分析和控制是一个难题。

对浅覆土、大直径、高水压和软弱地层的隧道开挖面稳定的控制，是盾构工程中的关键问题，有效控制盾构施工对地层的扰动，维持隧道开挖面的稳定，降低施工过程中可能引发的地面塌陷风险，确保隧道施工的安全性和经济性，是我国城市地下空间安全、高效开发的迫切需求。

1.2 盾构隧道开挖面稳定性基本原理

盾构施工以密封舱内加压渣土或者泥浆作为媒介支护隧道开挖面前方地层，平衡开挖面前方地层的水土压力，达到维持开挖面的稳定、控制地层变形的目的。根据掘进过程中维持隧道开挖地层稳定的媒介和原理的不同，盾构机主要分为土压平衡和泥水平衡两种形式。在土压平衡盾构的施工中，通过加压土舱渣土维持开挖面稳定，如果土舱压力不足，可能造成开挖面涌水或坍塌；如果压力过大，又会引起刀盘扭矩或推力的增大导致推进速度下降或地面隆起等问题。在泥水平衡盾构施工中，通过施加泥浆压力维持开挖面稳定，如果泥浆压力不足，会引发开挖面坍塌；如果泥浆压力设定过大，则会造成泥浆劈裂和地面隆起的风险。

1.2.1 土压平衡盾构掘进机

土压平衡盾构掘进机作为一种使用盾构法作业的隧道掘进机，外部由盾壳包裹，在壳内集成有整机及相应的辅助设备。金属外壳能够保护内部机械进行土体开挖、渣土排运、管片拼装、整机推进作业，进而实现隧道施工的一次成型[3]。土压平衡盾构掘进机的基本组成如图 1-1 所示。位于盾构机最前方的刀盘上装载有刀具，主驱动系统提供扭矩以带动刀盘转动切削破碎地层，被切削下来的岩土体通过刀盘开口进入盾构土舱形成渣土，渣土通过螺旋输送机排出，推进油缸提供盾构前进的推力，管片拼装机在盾尾刷的保护下拼装环形管片，管片是隧道的支护结构，起到抵抗地层水土压力的作用。

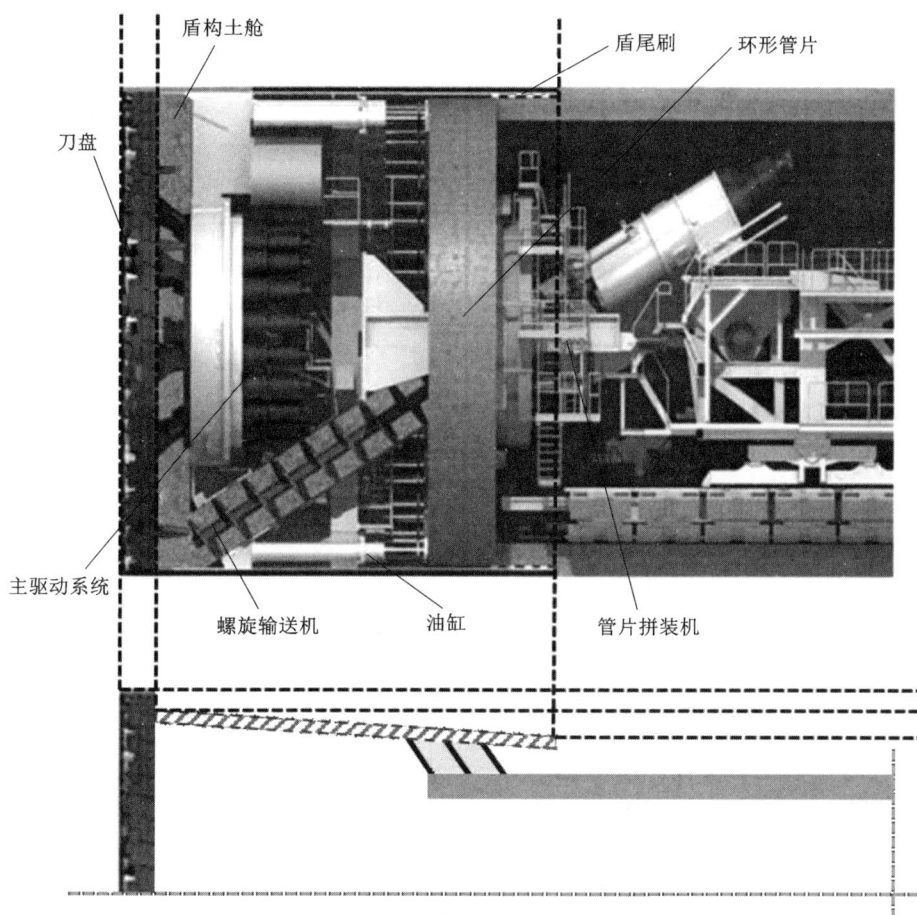

图 1-1　土压平衡盾构掘进机示意图

　　土压平衡盾构掘进机利用加压渣土提供适当的土压力支护隧道开挖面，以确保其稳定性。在盾构机作业过程中，需要进行渣土改良。通过安装在刀盘和土舱中的喷嘴，往渣土中注入改良剂(聚合物和泡沫)以改善其流动性和压缩性，降低其黏性、渗透性，减小其内摩擦角，既可以确保渣土顺利排出，减小刀具磨损和刀盘结泥饼的风险，也有利于提高土舱压力对隧道开挖面的支护效果[11]。

土舱支护压力由两个因素控制：一是螺旋输送机的转速，二是盾构机推进速度。

根据施工现场的地质条件，土压平衡盾构可以采用三种掘进模式：

(1)满舱掘进[12-13]。盾构机土舱内完全填满渣土，掘进过程中要实现两种平衡：一是渣土形成的土舱压力与开挖面前方地层的水土压力平衡，以维持隧道开挖面稳定；二是盾构机的挖土量与排土量平衡，以减少或者控制地层损失与变形。在软弱地层中，应该采用满舱掘进模式施工。

(2)不满舱掘进[13-14]。盾构机土舱内部分充填渣土，不满舱掘进属于欠压施工，土舱内的渣土压力小于开挖面前方地层的水土压力，可以在土舱中压缩空气进行辅助加压，以达到平衡地层水土压力的目的。气压辅助掘进是我国首创的土压平衡盾构施工模式，具有降低施工负荷及减轻刀具磨损、气密开挖面以逼退地下水防止其渗入土舱、提高掘进效率等优点，适用于上软下硬复合地层施工。但施工过程中，加压气体易泄露、开挖面失稳、地层坍塌的风险较高。

(3)空舱掘进。在这种模式下，盾构土舱几乎是空的，盾构机不会为隧道开挖面提供任何支护压力，也属于欠压施工。空舱掘进模式的适用条件是：地质条件较好，地层可以自稳，并且地下水向开挖面和盾构土舱内渗流，不会造成安全问题。

1.2.2 泥水平衡盾构掘进机

泥水平衡盾构施工以泥水舱内加压泥浆维持隧道开挖面前方地层的稳定，具有泥浆压力易于控制、地层扰动小、刀具磨损轻等优点，在城市地铁、大型越江过河等隧道工程建设中得到了广泛应用[15-16]。泥水平衡盾构掘进机基本组成如图1-2所示。泥水平衡盾构掘进机的泥水舱内充填了由水和膨润土(主要由蒙脱石黏土矿物组成)组成的悬浮液泥浆，泥浆压力可以通过调节气垫室内的气压进行控制，开挖出的渣土与泥浆在泥水舱内搅拌混合，通过排泥管被泵送到位于地面的分离厂，将泥浆和渣土分离处理后，再生的泥浆通过进泥管被输送到泥水舱循环利用。由于泥水平衡盾构需要场地配置泥水处理厂，存在泥浆分离和处理的问题，对环境不友好，制约了其在城市盾构施工中的应用，因此，泥水平衡盾构一般在安全风险高的跨江越海水底隧道工程中才会被采用。

泥浆悬浮液在泥水盾构掘进中有两个基本功能：①通过管道系统输送渣

土；②维持隧道开挖面稳定。对于第一个功能，需控制尽可能低的泥浆屈服点，使渣土和泥浆混合物更易泵送；对于第二个功能，则需要充分研究泥浆入渗与地层之间的相互作用，在隧道开挖面上形成微透水或者不透水的泥膜。

图 1-2　泥水平衡盾构掘进机示意图

1.3　隧道开挖面失稳机理与理论模型研究现状

1.3.1　隧道开挖面失稳过程模型试验研究现状

通过模型试验研究可以观察隧道开挖面破坏过程中土体的变形和应力状态，揭示隧道开挖面的失稳过程和破坏特征及机理，有助于研究人员在理论分析的基础上建立破坏机构。大部分学者采用离心机缩尺试验研究砂土中隧道开挖面的稳定性，隧道模型一般采用不同直径（150 mm、100 mm、80 mm）的刚性金属管制作，开挖面采用加压气囊或者刚性圆盘支持，开挖面破坏过程通过逐渐减小气囊压力或者回撤刚性圆盘进行模拟[17-23]。在摩擦土（砂土）中，隧道开挖面前方的主动破坏区域存在一个明显的剪切带（或滑动面）[19-21]，其几何形状呈烟囱状(或球状)[17, 18, 20],破坏机构可以用竖直平面上的对数螺旋和水平截面上的椭圆来模拟[18]。通过分析地表位移和隧道开挖面位移随支护压力的变化可以将开挖面失稳破坏分为三个阶段[17, 19, 23]:①隧道开挖面稳定,未见移动;②隧道开挖面前方出现较小的水平位移,且伴随有较小的地表沉降;③发生了明显的土体流动,开挖面坍塌。对于埋深比(隧道埋深与直径之比)为0.5的隧道,主动破坏区域会延伸至地表;而对于埋深比为1.0、2.0的隧道,破坏区域会垂直向上延伸约1倍直径的高度,且伴随着土拱效应的形成[23]。

以上试验研究关注隧道开挖面的主动破坏,对隧道开挖面被动破坏的试验研究较少。文献[24]利用离心机模型试验研究了砂土中隧道开挖面的被动破坏,发现破坏区域呈开口斜向上的漏斗状,开挖面前方的土体向前移动,向上挤出使地面隆起。

以上试验研究主要关注砂土中的隧道开挖面破坏,而关于黏土中开挖面稳定性的试验研究较少。在黏性土中和在砂土中隧道开挖面的破坏特征不同,纯黏性土中隧道开挖面破坏时的土体运动是连续的,变形从开挖面向上传递到地面,不存在明显的局部剪切带[25]。

1.3.2 隧道开挖面破坏机构与理论模型研究现状

极限平衡法和岩土塑性力学极限分析上限法是研究隧道开挖面稳定性两种主要的理论方法[26-27],这两种方法都高度依赖于假定的破坏机构。试验研究揭示的隧道开挖面破坏特征,为开挖面破坏机构的建模提供了指导。破坏机构一般利用已有的几何形状组合而成,比如锥体、柱体、螺旋线等。基于假设的破坏机构,极限平衡法和极限分析上限法分别建立力的平衡方程和能耗平衡方程来分析结构的最终极限状态。在极限平衡法中,最经典的破坏机构是楔形体-棱柱体模型[28-29],该模型由开挖面前方的横卧楔形体和其上方的棱柱体组成。隧道开挖面的稳定性通过作用于楔形体上力的平衡获得,包括楔形体的重力、楔形体侧面的正应力和剪应力、上覆棱柱体产生的垂直力、开挖面的支护压力、渗透力等。一些研究者对楔形体-棱柱体模型进行改进,如引入条分法计算楔形体内部竖直应力分布以考虑地层的非均匀性[30],采用角锥体代替楔形体使计算结果符合三维数值分析结果[31],采用倒棱台代替棱柱体研究开挖面的被动破坏[32],考虑三维土拱效应[33],等等。楔形体-棱柱体模型采用正方形来近似代替隧道开挖面的形状,但无法考虑任意横截面形状的隧道开挖面,比如马蹄形隧道横截面。已有研究表明隧道开挖面的断面形状对其稳定性有较大的影响[34]。

相对于极限平衡法，极限分析上限法基于经典塑性力学，具有概念清晰、理论严谨等优点，是进行岩土工程稳定性分析的有力工具[26]。通过观察模型试验中隧道开挖面达到最终极限状态时的破坏形态和速度场特征，研究者提出了许多基于极限分析上限法的破坏机构。常见的隧道开挖面二维破坏机构有二维多块体破坏机构[35]、双对数螺旋线破坏机构[36]、基于空间离散技术的二维旋转破坏机构[37]。二维破坏机构将隧道开挖面简化为二维平面应变问题，忽视了实际存在的三维土拱效应的作用，会低估开挖面的稳定性。三维破坏机构的构建相对于二维的情况更为复杂，但更能反映问题的真实情况。典型的隧道开挖面三维破坏机构有圆锥破坏机构[38]、多块体破坏机构[39]、牛角破坏机构[40]、基于空间离散技术的三维旋转破坏机构[41]等。

空间离散技术是一种先进的破坏机构构建方法，它在满足指定的边界条件和速度场的前提条件的情况下，遵循正交法则在空间上"逐点"生成破坏机构，无须借助标准的几何图形。基于空间离散技术构建的三维旋转破坏机构具有如下优点[41-43]：①与试验观察到的极限状态下隧道开挖面土层的运动方式一致；②对砂土能给出更好的支护荷载上限解，比刚性多块体滑动破坏机构精度更高；③适用于任意形状的隧道横断面；④可以考虑土体的各向异性、非均匀性和空间变异性。

1.4　泥水盾构隧道开挖面稳定性研究现状

隧道施工常在地下水位以下进行，如跨江隧道和海底隧道，在渗流条件下开挖时，作用在开挖面附近土体上的渗透力是影响隧道开挖面稳定性的重要因素。在隧道工程中，这涉及两类问题：第一类中隧道开挖面内的压力水头低于地层静水头，渗流向着隧道开挖面方向，主要发生在土压平衡盾构隧道或新奥法隧道施工中；第二类中隧道开挖面内的压力水头高于地层静水头，渗流从隧道开挖面流向前方地层，主要发生在泥水平衡盾构隧道施工中。

1.4.1　泥水盾构隧道开挖面稳定性模型试验研究现状

为了研究渗流条件下隧道开挖面的稳定性，探究地下水渗流作用下隧道开挖面的失稳机理,国内外研究人员开展了一系列试验研究。Pellet 等[44]对地下水位以下的实验微隧道进行了研究,在隧道现场安装了孔压计测量隧道开挖面前方水头的演变过程,结果表明地下水朝着隧道开挖面产生了流动,水头损失主要集中在隧道开挖面附近,由此产生的渗透力大大增大了隧道开挖面的临界支护力。Lee 等[45]进行了 1 g 缩尺模型试验,研究了稳态渗流下砂土地层中的开挖面破坏规律,同时还探究了水头差变化对隧道开挖面临界支护力的影响。Soranzo 和 Wu[46]通过离心试验测试了非饱和地层中浅埋隧道开挖面的稳定性,试验将地下水位设置在隧道底部以下,得到了隧道模型表面沉降和开挖面破坏的结果,并利用数字图像相关性(DIC)技术提取了试验土体的饱和度,试验发现非饱和地层中从隧道开挖面到地表形成了一个烟囱状的整体破坏面。

陈仁朋等[47]开发了一套隧道离心机模型试验装置(包括刚性模型箱、模型盾构、开挖面伺服加载系统、水位控制系统和储水箱等),探究了不同地下水位下饱和砂质粉土地层中稳态渗流对隧道开挖面安全性的影响,发现隧道开挖面的极限支护力与水头压力之间呈线性关系。在越江海盾构隧道施工过程中,影响施工安全的一大威胁是高水压。金大龙等[48]研发了一套高水压泥水盾构隧道开挖面稳定性模拟试验装置,并利用大型离心模型试验研究了高水压下隧道开挖面坍塌失稳破坏模式和土、水应力变化规律,发现开挖面失稳可以分为微观变形、局部破坏、土拱形成、整体失稳四个阶段。袁大军等[49]开展了物理试验(包括室内、室外试验和模型试验)及数值模拟分析,提出了在高水压下考虑渗流条件的水土荷载计算理论,建立了盾构机与土体之间动态作用的力学分析模型,提出了高水压下保证盾构开挖面稳定的方法。沈翔等[50]以拟建的琼州海峡隧道为研究背景,研发了高水压(2.0 MPa)多功能泥水平衡盾构模型试验平台,克服了高水压下盾构机及模型箱强度和密封问题,试验平台可以模拟盾构姿态及覆土高度的改变。程展林等[51]通过室内小尺寸模型试验探讨了泥浆压力作用机理、开挖面前方土体应力变化规律,结合试验结果提出了中粗砂地层中临界泥浆压力计算的经验公式。李昀等[52]以上海崇明越江隧道为工程背景,利用模型试验研究了刀盘的动态切削作用对开挖面的影响,获得了极限泥浆压力的浮动范围,探讨了泥浆压力和刀盘转速对地表沉降的影响。

1.4.2 泥水盾构隧道开挖地层地下水渗流过程研究现状

泥水盾构机密封舱内的压力水头高于静压水头,泥浆向前方渗入隧道开挖地层，在地层中产生超孔隙水压力。盾构机的掘进或者泥浆的持续渗透是引起开挖面前方地层地下水渗流的原因，而伴随地下水渗流产生的渗透力是进行开挖面稳定性力学分析的重要因素。围绕泥水盾构隧道开挖地层的超孔隙水压力分布及地下水渗流过程求解，众多学者开展了理论研究工作。隧道开挖面前方的地下水稳定渗流涉及拉普拉斯方程的求解，只对一些特殊边界问题才存在解析解。Broere 和 Van Tol[53]认为在泥水盾构隧道的掘进过程中，由于刀盘的持续切削作用，开挖面上无法形成泥膜，并将问题简化成半承压含水层中的一维稳态渗流问题，将泥膜与泥浆压力作为边界条件获得了水头分布解析解。考虑到开挖一环管片的时间可能少于开挖面前方稳态渗流的形成时间，隧道开挖面前方的渗流为非稳态渗流，Broere 和 Van Tol[54]将该问题简化为半承压含水层中的一维瞬态渗流，给出了掘进过程中超孔隙水压力形成和停机过程中孔隙水压力消散的解析解，并与 Botlek Rail 隧道现场的实测数据吻合良好，发现在下一环掘进开始时有20%的超孔隙水压力没有消散。基于 Heinenoord 第2隧道的现场监测数据，Bezuijen 等[55]报道了在砂土地层中泥水盾构隧道开挖地层的超孔隙水压力在盾构机掘进时增大（2～3倍静水压力），在停机的时候减小的现象，将问题简化为一维渗流，将泥浆压力水头作为边界条件求得了开挖面前方隧道轴线上的水头分布。必须指出的是，这些解析解不能给出开挖地层的三维水头分布，更无法考虑动态泥膜的厚度、渗透系数、超孔隙水压力等对地下水渗流过程的影响。事实上，泥浆压力、泥膜厚度及渗透系数、超孔隙水压力是进行数值模拟计算的重要输入条件，受刀具切削作用的控制，泥膜厚度和渗透系数与时间有关，考虑刀具切削作用引起的泥膜厚度和渗透系数的动态变化对地下水渗流的影响，对泥水盾构隧道稳定性分析意义重大。

1.4.3　泥水盾构隧道泥浆入渗规律研究现状

泥浆首先应用于石油钻井工业界，被土木工程界最开始应用于地下连续墙、挖孔灌注桩的施工中以防止槽、孔壁的失稳坍塌，由于其优秀的护壁功能，后被引入盾构隧道开挖面的支护中。泥浆在开挖面上渗透成膜，是维持泥水盾构开挖面稳定性的媒介，研究泥浆的渗透规律与机理对泥水盾构隧道开挖面稳定性至关重要。大部分学者采用泥浆渗透柱试验研究泥浆的渗透规律：闫凡路等[56]研究了泥浆渗入地层引起的超孔隙水压力的变化规律，发现泥浆密度对超孔隙水压力分布影响很大，而泥浆黏度的影响较小；Min 等[57]发现泥浆在地层中渗透可以形成泥皮型泥膜、泥皮+渗透带型泥膜、无泥皮/纯渗透带型泥膜三类泥膜，并给出了泥膜生成类型的判别准则；魏代伟等[58]定义"有效应力转化率"来研究泥膜的形成时间，并发现泥皮型泥膜的形成时间为 10 s 左右，泥浆有效应力转化率可达 90%以上，泥皮+渗透带型泥膜形成时间为 80 s 左右；曹利强等[59]研究有压泥浆在不同地层中的渗透特性及泥浆渗透对地层剪切强度的影响，发现泥浆渗透深度及滤水量与地层渗透系数线性相关；韩晓瑞等[60]以滤水量的大小为指标评价泥膜质量，研究了泥浆黏度对泥膜质量的影响，发现泥浆黏度越高，形成的泥膜质量越好。以上研究表明，泥浆渗透规律与泥浆参数、土层性质等密切相关。

泥水盾构隧道开挖面泥膜厚度、超孔隙水压力分布与泥浆荷载传递机制、开挖面的稳定性评估息息相关。针对泥浆渗透规律及泥膜厚度，一些学者建立了理论模型。Anagnostou 和 Kovári[61]给出了泥水盾构隧道开挖面泥浆最大渗透距离经验公式，提出了泥浆压力停滞梯度这一重要概念；针对盾构停机拼装管片的过程，基于多相流理论推导了泥浆渗透距离的计算公式；针对盾构机掘进状态，利用泥浆渗透速度和盾构机掘进速度相等，求出了相应的泥浆渗透距离表达式。白云等[62]将泥浆视为由黏性滤液和不可压缩圆形颗粒组成的两相流，地层视为多孔介质，泥浆渗透过程简化为两相流在多孔介质中流动的模型（滤饼过滤理论），从理论上分析了泥膜形成厚度、开挖面前方土体有效应力和孔隙水压力随时间变化的关系。基于修正剑桥模型中正常固结黏土各向等压固结曲线规律，刘成等[63]分析了泥膜固含率与有效应力之间的关系，确立了圆球形颗粒孔隙理想模型的渗透率、泥膜固含率、渗透率和比阻之间的关系，提出了泥水盾构泥膜形成二维理论分析模型，分析了泥膜厚度与位置、时间、重度比和盾构直径等因素的关系。

1.4.4　泥水盾构隧道开挖面稳定性评估理论模型研究现状

现有的泥水平衡盾构隧道开挖面稳定性的理论研究主要集中在考虑泥浆渗透与地层的相互作用上。1994 年，Anagnostou 和 Kovári[61]首次建立了泥水盾构隧道开挖面理论模型，将泥浆渗透的过程引入楔形体-棱柱体模型中分析隧道开挖面的稳定性，认为在楔形体内传递的泥浆压力才对维持开挖面的稳定性起作用。陈仁朋等[64]将数值模拟求得的渗透力嵌入楔形体-棱柱体模型中计算泥水盾构隧道开挖面的极限泥浆压力，得到了"泥浆压力越大，孔压在失稳区以外地层的下降幅度就越大，对开挖面稳定贡献越小" 的结论。Broere 和 Van Tol[53-54]、Bezuijen 等[55] 采用不同的理论模型求解地下水渗流过程，并将渗透力引入楔形体–棱柱体模型建立了泥水盾构隧道开挖面稳定性分析力学模型，计算结果表明渗透力起到维持土颗粒稳定的作用，而超孔隙水压力的存在对开挖面的稳定性不利。Zizka 等[65-66] 研究了泥浆、土体、刀具的相互作用，考虑了随时间变化的泥浆渗透来进行隧道开挖面的稳定性评估，基于楔形体–棱柱体模型提出了表征隧道开挖面整体稳定性的泥浆压力有效支护率概念。

1.5　本章小结

本章主要介绍了盾构隧道开挖面稳定性基本原理、隧道开挖面失稳过程模型试验研究现状、隧道开挖面破坏机构与理论模型研究现状、泥水盾构隧道开挖面稳定性模型试验研究现状、泥水盾构隧道开挖地层地下水渗流过程研究现状、泥水盾构隧道泥浆渗透规律研究现状、泥水盾构隧道开挖面稳定性评估理论模型研究现状等内容。

第 2 章
泥浆渗透试验及其机理研究

2.1　引言

泥水盾构采用加压泥浆对开挖面进行支护，以平衡开挖面上的水土压力。泥浆在压力作用下向地层入渗，泥浆中的膨润土颗粒堵塞土骨架的孔隙，进而在开挖面上形成微透水泥膜，泥浆压力通过泥膜传递到开挖面前方地层上，转化为开挖地层土体有效应力。因此，泥浆入渗及泥膜的形成对泥水盾构开挖面稳定至关重要。

2.2　泥浆入渗理论

2.2.1　泥膜形成判定

Talmon 等[67]通过泥浆渗透试验，得到滤水量与时间关系的典型曲线，如图 2-1 所示，发现泥浆在地层中的渗透过程分为两个阶段：泥浆大量滤失和泥膜形成。

泥浆在大量滤失阶段存在不排水行为，而在泥膜形成过程中存在排水行为，这种转变由佩克莱数 P_e 决定[67]：

$$P_e = \frac{v_p d}{c_v} \tag{2-1}$$

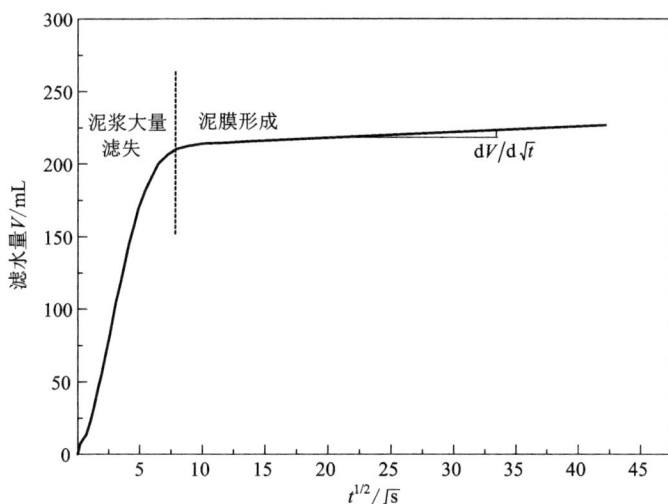

图 2-1　Talmon 等[67]的泥浆渗透试验滤水量与时间平方根关系

式中：v_p 为泥浆入渗速度（m/s）；d 为水力孔径（m）；c_v 为泥浆的固结系数（m^2/s）。

水力孔径 d 可由下式估算：

$$d = \frac{2}{3} \times \frac{n}{1-n} d_{15} \tag{2-2}$$

式中：n 为土样的孔隙率；d_{15} 为粒径分布曲线的纵坐标等于 15% 对应的粒径（m）。

在 $1 < P_e < 10$ 时，泥浆中的膨润土存在排水与不排水行为的过渡，当 $P_e < 10$ 时将形成泥膜[68]，膨润土颗粒的流速低于水流速度，并开始形成聚团。Talmon 等[67]认为不排水行为可以持续到 $P_e > 10$，这表示泥浆入渗速度的变化反映了泥膜形成前泥浆的入渗情况。

2.2.2　泥浆大量滤失阶段模型

在泥浆大量滤失阶段，渗透距离与时间的函数关系通常采用不同的描述方法，其中常用函数关系[29, 69]如下：

$$x = \frac{t}{a+t} L \tag{2-3}$$

式中：x 为任意时刻的渗透距离（m）；t 为时间（s）；L 为最大渗透距离（m）；a 为达到最大渗透距离的一半所需的时间（s）。

根据 Huisman[70] 的研究，a 可与泥浆渗透装置中的不同参数以及试验中确定的最大渗透距离 L 联系起来：

$$a = \frac{L}{\dfrac{k_w}{n}\left[\dfrac{\Delta p}{\rho_w g L_s} + \left(1 + \dfrac{L_b}{L_s}\right)\sin\theta\right]} \tag{2-4}$$

式中：k_w 为饱和土样的渗透系数（m/s）；Δp 为作用在土样上的压力（Pa）；ρ_w 为水的密度（kg/m³）；g 为重力加速度（m/s²）；L_b 为膨润土泥浆悬浮液的厚度（m）；L_s 为土样的厚度（m）；θ 为装置与水平面的夹角（°）。

理论上的最大渗透距离 L 可以通过 Broere 公式[29] 估算出来：

$$L = \frac{\Delta p d_{10}}{\alpha \tau_y} \tag{2-5}$$

式中：d_{10} 为土样有效粒径（m）；α 为拟合系数（$2 \leqslant \alpha \leqslant 4$）；$\tau_y$ 为泥浆的屈服应力（Pa）。

根据地下水流方程，Xu[71] 建立了一个考虑泥浆和土体性质的改进泥浆入渗模型。在泥浆渗透试验中，泥浆前锋线位置处水头 φ_0（m）与土样两端水头差 $\Delta\varphi$（m）关系如下：

$$\varphi_0 = \Delta\varphi\left(1 - \frac{x}{L}\right) - \frac{n v_p}{k_b}x \tag{2-6}$$

式中：k_b 为土样对泥浆的渗透系数（m/s）。

根据达西定律，泥浆前锋线位置处水头 φ_0 为：

$$\varphi_0 = \frac{n v_p}{k_w}(L_s - x) \tag{2-7}$$

假定泥浆入渗区与土样中的 v_p 值相同，泥浆入渗对土样孔隙率没有影响，则可通过下式计算泥浆渗透距离：

$$x = \frac{V}{n\pi(D/2)^2} \tag{2-8}$$

式中：V 为滤水量（m³）；D 为渗透柱直径（m）。结合公式（2-6）和式（2-7），以及 $v_p = dx/dt$，可以得到：

$$\frac{dx}{dt} = \frac{\Delta\varphi(1 - x/L)}{n(L_s - x)/k_w + nx/k_b} \tag{2-9}$$

14

对式(2-9)进行积分可得：

$$t=-\frac{nL}{\Delta\varphi}\left[\left(\frac{L_s-L}{k_w}+\frac{L}{k_b}\right)\ln\left(1-\frac{x}{L}\right)+x\left(\frac{1}{k_b}-\frac{1}{k_w}\right)\right] \tag{2-10}$$

上述公式仅适用于泥浆大量滤失阶段。当形成外部泥膜后，泥浆入渗受到泥膜阻力作用影响，其流量受泥膜渗透性影响。

2.2.3　泥膜形成阶段模型

在泥膜形成阶段，Bezuijen 等[72]给出了泥浆在恒定压力梯度下排水形成的泥膜厚度与泥膜形成时间(t')的函数关系：

$$x_c=\sqrt{2k_c\left(\frac{1-n_i}{n_i-n_c}\right)\Delta\varphi t'} \tag{2-11}$$

式中：x_c 为泥膜厚度(m)；k_c 为泥膜对水的渗透系数(m/s)；n_i 为新鲜泥浆的初始孔隙率；n_c 为泥膜(假定均匀)的孔隙率。最终形成的泥膜厚度可通过下式计算：

$$\frac{V}{A_s}=\left(\frac{n_i-n_c}{1-n_i}\right)x_c \tag{2-12}$$

式中：A_s 为入渗截面面积(m^2)。

结合式(2-11)式(2-12)可以得出泥膜对水的渗透系数 k_c 为：

$$k_c=\frac{1}{2}\times\frac{\left(\dfrac{V/A_s}{\sqrt{t'}}\right)^2\dfrac{1+n_i}{n_i-n_c}}{\Delta\varphi} \tag{2-13}$$

泥浆的初始孔隙率 n_i 可根据下式计算得到：

$$n_i=\frac{m_w G_s}{m_b G_s+m_w G_s} \tag{2-14}$$

式中：m_w 为水的质量(g)，m_b 为膨润土的质量(g)，G_s 为所使用膨润土的比重。取出泥膜并测量其含水量，可以确定泥膜的孔隙率 n_c。

2.3　泥浆基本性质

泥浆是一种水基流体，它通过往水中添加多种固体成分，形成胶体悬浮液。固体成分种类主要有：①矿物胶体(主要是膨润土)；②有机胶体(主要是聚合物)。泥浆中的固体成分的不同，会导致其在流变性、物理化学性质上大相径庭。下面主要介绍泥浆的流变性、物理性质、化学性质和泥膜质量。

2.3.1 流变性

流变学是专门研究物质在内外应力作用下变形和流动的科学。泥浆的流变性和泥膜的形成、渣土运输、泥浆制备和废浆处理问题息息相关。

1.黏度

黏度是指流体对流动所表现的阻力，能够定量评价抵抗流体剪切变形的黏滞性，是流体流变特性的重要参数。当流体满足牛顿内摩擦定律，即流体受到外力时，流体中的剪切应力与其正应力方向的速度变化率(剪切速率)成正比关系，该流体被称为牛顿流体；不满足牛顿内摩擦定律则为非牛顿流体。

由于黏度是由液体层间的剪切力决定的，习惯上使用剪切应力与剪切速率的关系图表示黏度，通常称为流变图，典型的泥浆流变曲线如图 2-2(a)所示。

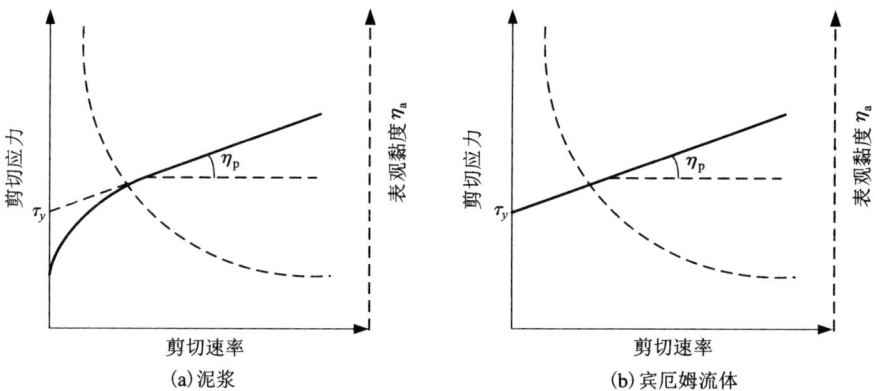

图 2-2　流变曲线

1)表观黏度

表观黏度是描述非牛顿流体流变性质的一个重要参数。表观黏度的定义为一定剪切速率下剪切应力与剪切速率之比，通常用符号 η_a 表示，单位为 Pa·s，可通过黏度计或流变仪测定。

　　泥浆具有剪切稀释性，即在屈服应力以上，表观黏度会随着剪切速率的增大而降低。在低速下，如地层中入渗的泥浆和储存罐中的泥浆，其表观黏度较高；在高速下，如管道中流动的泥浆，其表观黏度较低。泥浆表观黏度和泥浆的渣土运输能力息息相关。在泥浆管道中形成的紊流，可以使泥浆充分搅拌，降低其表观黏度，提高其渣土卸运能力。

　　2）塑性黏度

　　泥浆是一种非牛顿流体，其流变性可以采用宾厄姆模型表征。塑性黏度是描述宾厄姆流体本构模型的基本参数之一，其通常为流变图线性部分的斜率，如图 2-2（b）所示。宾厄姆流体低于一定的剪切应力时，表现为固体，而在超过屈服应力时才开始流动，流动状态下的行为类似于牛顿流体。

　　塑性黏度可以被看作是在泥浆开始流动之后，剪切应力与剪切速率之间的比值，通常用符号 η_p 表示，单位为 Pa·s，可通过黏度计或流变仪测定。

　　在泥水盾构隧道工程中，泥浆的塑性黏度被近似认为是恒定的。泥浆的塑性黏度是计算泥浆管道中的泥浆压力损失的关键参数。

　　3）漏斗黏度

　　当不具备旋转流变仪条件时，泥浆表观黏度和塑性黏度难以获取，可以将马氏漏斗或苏式漏斗作为一种快速简便的替换手段，测得泥浆的漏斗黏度。API[13]标准规定，漏斗黏度是指一定量的泥浆在重力作用下从一个固定型漏斗中自由流出所需要的时间，是一种相对黏度，可以直观反映泥浆黏度的大小，单位为 s。

　　在泥浆从漏斗口流出的过程中，随着漏斗中液面逐渐降低，流速不断减小，因此不能在某一固定的剪切速率下进行黏度测定，漏斗黏度只能用于判别盾构工作期间各阶段泥浆黏度变化的趋向，也无法与其他流变参数进行换算，但漏斗黏度仍可以与其他流变参数一起，共同表征泥浆的流变性。

2. 屈服应力

　　当泥浆渗入地层时，由于其流速降低，剪切应力不足以使其继续流动，泥浆就会"凝固"。泥浆作为非牛顿流体，需要一定的最小剪切应力（称为屈服应力）才能流动。泥浆的实际屈服应力取决于初始条件，并随着静止时间的增加而增大。

　　在泥水盾构隧道工程中，通常将流变曲线的外切线与竖直坐标轴的交点定义为屈服应力，通常用符号 τ_y 表示，单位为 Pa，可通过黏度计或流变仪测定，如图 2-2 所示。

屈服应力决定了泥浆在地层中"凝固"的能力。泥浆的屈服应力与悬浮液中活性颗粒含量及它们之间的物理化学反应有关。然而，通过添加惰性颗粒来增大泥浆的密度和黏度并不一定会导致屈服应力的升高，相反，可能会明显降低屈服应力。

3. 触变性

膨润土泥浆在静止状态下会形成触变结构，导致黏度增大，但快速搅拌会破坏这种触变结构，使黏度降低。触变性指的就是这种现象的可逆性。触变性描述的是在剪切应力作用下泥浆表观黏度随时间的增加而连续下降，并在应力消除后表观黏度又随时间的增加而逐渐恢复的现象。泥浆触变性可以通过测量凝胶形成的时间来评估。

搅拌后泥浆的屈服应力低于其初始值，通过将泥浆静置一段时间，可使其屈服应力恢复初始值。在泥水盾构隧道工程中，触变性表征了泥膜被盾构刀具切割后，泥浆入渗快速形成泥膜的能力。

2.3.2 物理性质

1. 泥浆浓度

泥浆浓度决定了泥浆中膨润土颗粒的数量和泥浆的重度等参数，可以用体积百分比或质量百分比来表示。泥浆浓度过大，将增加泥浆泵的工作负担；泥浆浓度较低，则会导致泥浆在开挖面大量滤失，无法有效支护开挖面。

2. 含砂量

泥浆中的含砂量取决于分离设备的性能，泥浆处理厂通常无法有效过滤掉一些细小的土颗粒，因此，随着泥浆在施工过程中循环使用，循环泥浆中的污染物颗粒浓度会逐渐增大。泥浆中残留的任何砂粒都会影响泥膜的渗透系数及其稳定性。随着泥浆含砂量的增大，泥浆的密度也会增大，这通常会影响泥浆的特性，如屈服应力和渗透性能等。在这种情况下，有必要通过添加新鲜泥浆来对泥浆进行再生，以恢复其良好的性能。

泥浆中的含砂量可以通过含砂量测定仪测定,用体积百分数表示;泥浆密度可以通过比重秤或密度计测得。

3. 可滤性

可滤性是指泥浆入渗地层界面形成泥膜的能力,它取决于泥浆成分,通常与泥浆密度成反比。根据 API[73] 标准进行滤失试验,可测定泥浆的过滤行为和泥膜形成特性,得到泥膜渗透系数。

2.3.3　化学性质

1. 电解质

电解质,如 Ca^{2+}、Mg^+、K^+、Cl^- 和 SO_4^- 离子(混合水、地下水、地下矿物质含量等),会大大改变泥浆的物理和流变特性。在泥水盾构隧道的施工过程中,必须特别注意地下水(石灰水、海水等)的化学成分,在选择泥浆成分时应将地下水中矿物质或污染物考虑在内。此外,还应注意隧道开挖前地基改良使用的水泥和其他化学产品(硅酸盐等)对泥浆造成污染的可能性。

2. 酸碱度

泥浆 pH 的变化也会影响其离子平衡和物理化学特性。当 pH 不为 8~10 时,无论是在酸性环境中(如与有机物接触)还是在碱性环境中(如与水泥接触),泥浆的性能都很有可能变差。

2.3.4　泥膜质量

入渗泥浆中的悬浮颗粒会在隧道开挖面和洞周壁上沉淀形成泥膜。泥膜的质量取决于其厚度及其抵抗变形不破裂的能力。泥膜质量受到制浆材料的影响,反映了泥浆与地层的匹配程度。泥浆与地层匹配良好,则易形成致密泥膜。在实验室,以泥浆渗透成膜试验中滤水量的大小评价泥膜质量:在泥膜形成过程中,泥浆滤失量小说明泥膜容易形成,泥膜形成后滤水量小说明泥膜致密,两者均小则说明泥膜质量良好[60]。

在盾构带压开舱更换刀具的过程中,排出密封舱中多余的泥浆,泥膜后方的泥浆压力变为了气压，此时泥膜进入排水压密阶段，泥膜闭气时间对开舱作业有很重要的影响，泥膜的闭气时间越长，开舱作业的安全性就越有保障[74]。

2.4 泥浆制备与渗透试验装置

2.4.1 泥浆制备与性质

目前，泥水盾构工程使用的泥浆主要由水和黏土(如膨润土)组成。本节泥浆渗透试验所用材料为 Colclay D90 膨润土和 Sibelco Mol32 砂，根据 ASTM[75]统一土体分类标准，Colclay D90 膨润土和 Sibelco Mol32 砂的颗粒级配曲线如图 2-3 所示。

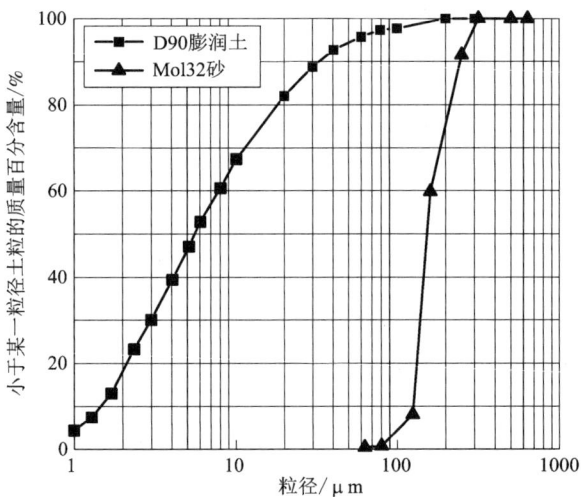

图 2-3 Colclay D90 膨润土(湿筛)和 Sibelco Mol32 砂(干筛)的颗粒级配曲线

不同浓度泥浆的流变性质由 Fann 35 型旋转黏度计测定，在每个剪切速率下，当刻度盘的值稳定时记为剪切应力。图 2-4 显示了浓度为 50 g/L 的 Colclay D90 膨润土泥浆的流变特性曲线。假设泥浆为宾厄姆液体，其性质参数见表 2-1。

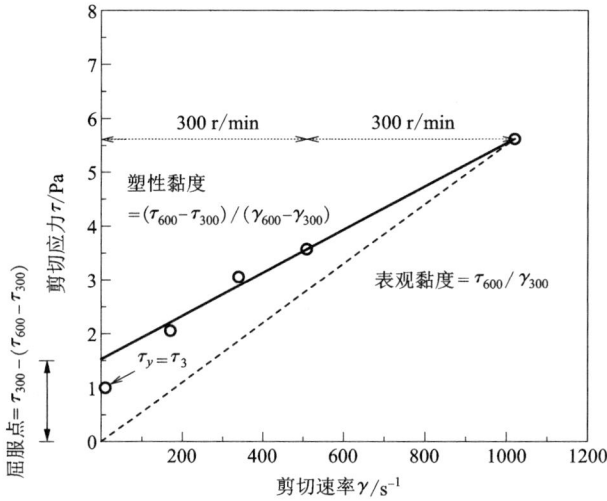

图 2-4　浓度 50 g/L 的 Colclay D90 膨润土泥浆的流变特性曲线

表 2-1　不同浓度膨润土泥浆的流变特性

膨润土浓度 /(g·L^{-1})	表观黏度 /(mPa·s)	塑性黏度 /(mPa·s)	屈服点 /Pa	屈服应力 /Pa	固结系数 c_v /(m^2·s^{-1})
40	4.0	3.0	1.0	0.5	4.4×10^{-4}
50	5.5	4.0	1.5	1.0	4.4×10^{-4}
60	7.5	4.0	3.6	2.0	4.2×10^{-4}

注：c_v 值通过对 Talmon 等[67]的数据进行线性插值得出。

2.4.2　泥浆渗透试验装置与试验步骤

1. 试验装置

本节以 Xu 等[76]使用的装置为例对泥浆渗透试验装置进行介绍，装置模型如图 2-5 所示。图 2-6 为试验装置实物图，由渗透柱、气源、监测系统三部分组成。为方便试验结束后取样，渗透柱分为由法兰连接的上、下部分。试验中，通过顶盖上的阀门向泥浆施加恒定的气压，采用高频电子秤监测滤水量，同时在渗透柱的测压孔上安装孔隙水压力传感器，用于测量泥浆和土样中的孔隙水压力。

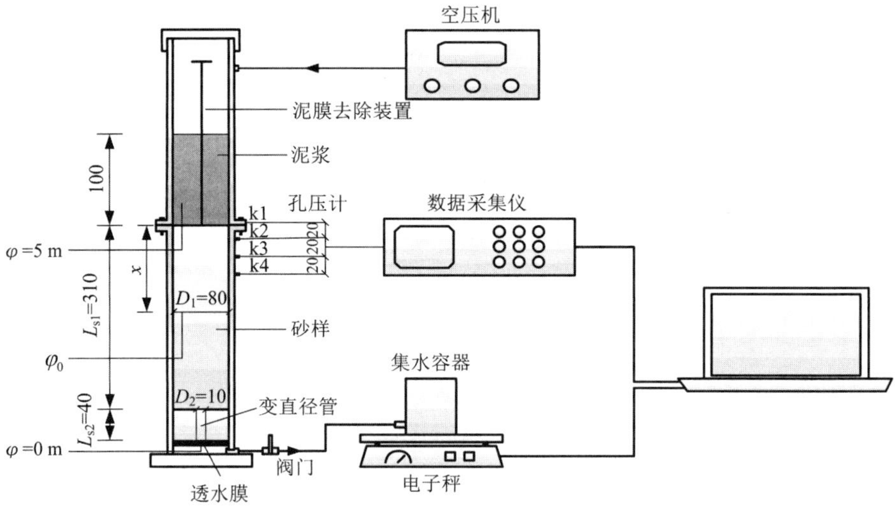

图 2-5 泥浆渗透试验装置模型图[76]（单位：mm）

根据 Hou 等[72]、Zizka 和 Thewes 等[78] 的研究，对于直径为 10 m 的隧道，隧道开挖面中心的水力梯度近似为 1.0。Xu[76] 通过在泥浆渗透试验装置底部安装直径为 10 mm 的缩口变径柱，使得试验的水力梯度接近工程现场的水力梯度。当水头差 $\Delta\varphi$ 为 5 m 时，有、无变径柱情况下土样的水力梯度分别为 30 和 2。因为底部安装变径柱，图 2-5 所示渗透装置的流动阻力相比未安装变径柱的试验装置大 15 倍，更符合实际工程情况。

在泥浆渗透试验装置底部安装缩口变径柱后，水头差 $\Delta\varphi$ 与滤水量 Q 的关系[76] 可近似为：

$$\Delta\varphi = \frac{Q}{\pi k_s}\left(\frac{4L_{s1}}{D_1^2} + \frac{4L_{s2}}{D_2^2} + \frac{1}{D_2} - \frac{1}{D_1}\right) \quad (2-15)$$

式中：L_{s1} 和 L_{s2} 分别为渗透柱和底部变径柱中砂土层的高度；D_1 和 D_2 分别为渗透柱和底部变径柱的内径。

在这种情况下，假设流动阻力相同的两段均质砂柱的有效长度 L_s 为：

$$L_s = L_{s1} + L_{s2}\left(\frac{D_1}{D_2}\right)^2 + \frac{D_1^2}{4}\left(\frac{1}{D_2} - \frac{1}{D_1}\right) \quad (2-16)$$

①—数据记录系统；②—加载架；③—渗透柱；④—进气管；⑤—气源；
⑥—孔压计；⑦—集水容器；⑧—出水管；⑨—高频电子秤；⑩—泥膜去除装置。

图 2-6　试验装置实物图

在式（2-16）中，右边的前两项 L_{s1} 和 $L_{s2}(D_1/D_2)^2$ 遵循达西定律，$1/D_1$ 和 $1/D_2$ 与流体从渗透柱流入缩口变径柱时由于流线收缩而产生的阻力有关。

2. 试验步骤

（1）泥浆配制：根据 API[73] 规定，采用高速搅拌机以不低于 10000 r/min 转速将膨润土与水按所需比例混合搅拌 20 min 得到新鲜泥浆，然后将泥浆静置 24 h。

（2）装填土样。装置底部布置滤水层。将土样分层装入并击实，直至目标高度处。从排水管由下往上缓慢地将水渗入土样，使其饱和。

（3）用搅拌机以不低于 10000 r/min 的转速将静置后的泥浆搅拌 5 min，沿引流棒缓慢注入渗透柱，达到目标高度，避免扰动土样颗粒。

（4）通过空压机进行气压加载，记录滤水量以及孔压变化。待泥浆渗完或出现泥浆从排水口渗出现象时，结束试验；若没有出现上述情况，加载 1 h 后停止试验。

（5）取出泥膜，测量新鲜膨润土泥浆和泥膜的含水量，以确定每次试验中新鲜膨润土泥浆的初始孔隙率和泥膜的孔隙率。

（6）清洗试验装置，去除残留的泥砂。

2.5　泥浆渗透试验结果分析

2.5.1　滤水量

记录加压入渗 15 min 后得到的滤水量，各浓度泥浆分别重复试验 3 次，相同条件下的测试之间存在微小差异，数据见表 2-2。

表 2-2　试验开始 15 min 后的滤水量

序号	膨润土浓度/($g \cdot L^{-1}$)	滤水量/mL
1		193.82
2	40	174.34
3		195.25
4		134.87
5	50	136.56
6		138.53
7		101.98
8	60	105.22
9		102.06

随着膨润土浓度从 40 g/L 依次增大到 50 g/L、60 g/L，15 min 内平均滤水量降低约 36.7%、32.6%。泥浆浓度增大，相同时间内的滤水量降低。图 2-7 为滤水量和渗透距离与时间平方根的关系曲线图，研究发现泥浆大量滤失和泥膜形成两个阶段的滤水量(V)与时间(t)成非线性关系，但是与时间的平方根($\sqrt{t}$)成正比关系。

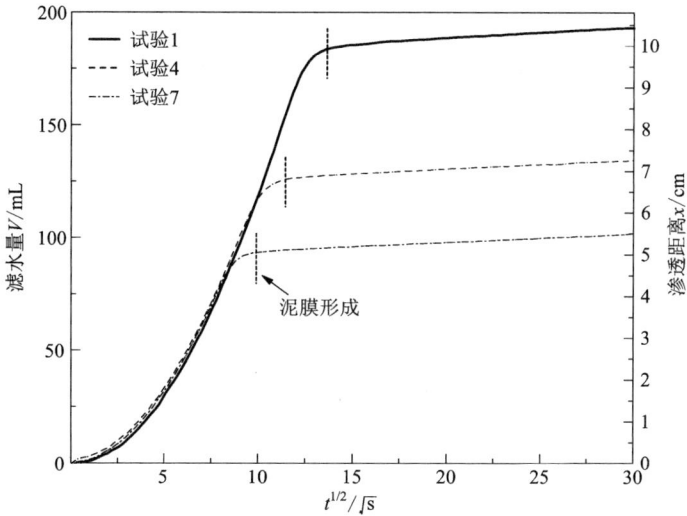

图 2-7　滤水量和渗透距离与时间平方根的关系

2.5.2　孔隙水压力

图 2-8 反映了渗透试验进行过程中孔隙水压力随时间的变化规律。从图中可以看出,在泥浆与砂土界面上方的孔隙水压力($k1$)基本保持不变,而泥

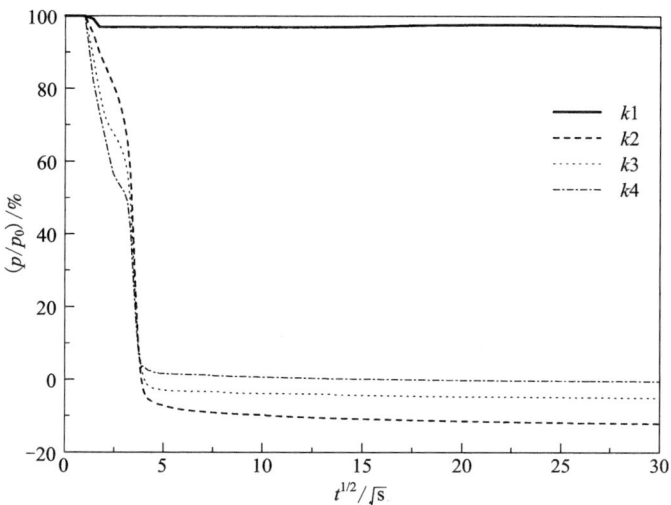

图 2-8　浓度 40 g/L 泥浆试验中的孔隙水压力变化

(注: p_0 为初始孔隙水压力)

浆与砂土界面下方的孔隙水压力($k2$、$k3$ 和 $k4$ 位置见图 2-5)则下降到静水压力值,这是由泥膜的形成导致砂土骨架上有效应力增大所致。

2.5.3 渗透系数

1.砂土对泥浆渗透系数

根据达西定律,可以得到砂土对泥浆的渗透系数 k_b:

$$k_b = \frac{\Delta L_s Q}{\Delta \varphi' A} \tag{2-17}$$

式中:ΔL_s 为相邻孔压计间的距离(m);Q 为滤水率(m^3/s);$\Delta \varphi'$ 为相邻孔压孔孔压计间的水头差;A 为渗透柱横截面积。

图 2-9 为不同浓度膨润土泥浆入渗时砂土的渗透系数随渗透距离的变化情况。$k1$-2 表示由 $k1$ 和 $k2$ 位置孔压计测得的渗透系数,$k2$-3、$k3$-4 同理。

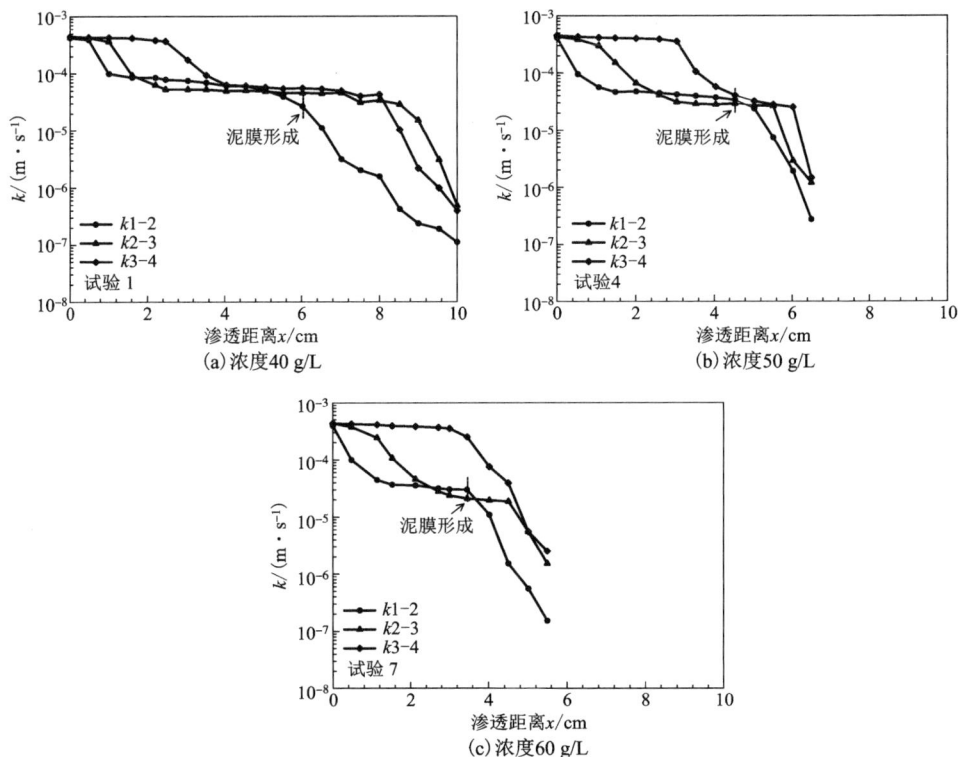

(a)浓度40 g/L

(b)浓度50 g/L

(c)浓度60 g/L

图 2-9 泥浆入渗时砂土的渗透系数随渗透距离的变化情况

使用 40 g/L 浓度泥浆进行试验,试验开始时可通过 k3 和 k4 两个孔压计的数值计算得到砂土对水的渗透系数 $k_w \approx 4.4 \times 10^{-4}$ m/s;由泥浆入渗 3 cm 时的 k2-3 及入渗 5 cm 时的 k3-4 可知,砂土对泥浆渗透系数 $k_b \approx 6 \times 10^{-5}$ m/s;泥浆入渗 6 cm 后,由于在砂土表面形成了泥膜,k1 和 k2 之间的渗透系数变小,k2 和 k4 之间的渗透系数保持不变;泥膜形成后,滤水量不再明显变化,此时由式(2-17)计算得到的渗透系数不再可靠。50 g/L 和 60 g/L 浓度泥浆渗透试验的结果显示了相同的趋势,但 k_b 值相对较低。对于 50 g/L 泥浆,$k_b \approx 3 \times 10^{-5}$ m/s;对于 60 g/L 泥浆,$k_b \approx 2 \times 10^{-5}$ m/s。这表明膨润土浓度越高,k_b 越小。

2. 泥膜对水渗透系数

通过式(2-13)可以得到泥膜对水的渗透系数 k_c,表 2-3 给出了不同浓度泥浆渗透试验测定的 k_c 值。从表中可以看出,泥膜对水的渗透系数 k_c($\sim 10^{-9}$ m/s)比砂土对泥浆的渗透系数 k_b($\sim 10^{-5}$ m/s)低 4 个数量级。k_c 取决于泥浆中膨润土的浓度,添加膨润土会降低 k_c。泥膜的孔隙率 n_c 随着膨润土含量的增大而降低。

表 2-3　不同浓度下新鲜泥浆和泥膜孔隙率

泥浆浓度 /(g · L^{-1})	膨润土相对密度	新鲜泥浆初始孔隙率 n_i	泥膜的孔隙率 n_c	泥膜对水渗透系数 k_c/(m · s^{-1})	砂土对泥浆渗透系数 k_b/(m · s^{-1})
40		0.985	0.962	2.8×10^{-9}	8.0×10^{-5}
50	2.75	0.981	0.947	2.2×10^{-9}	5.0×10^{-5}
60		0.978	0.936	2.0×10^{-9}	3.0×10^{-5}

2.5.4　泥浆渗透距离

对于 40 g/L、50 g/L 和 60 g/L 浓度的泥浆,试验测得的渗透距离分别为 9.5 cm、7.8 cm 和 7.5 cm,而通过式(2-5)计算得到的理论最大渗透距离 $L(\alpha = 4)$ 分别为 156.3 cm、104.2 cm 和 43.4 cm,表明泥浆渗透距离的理论值远大于测量值。这是因为在试验中,泥浆在达到最大渗透距离前就已经被外部泥膜阻挡,无法进一步入渗。这种现象常发生在低浓度钠基膨润土泥浆等屈服应力较低的流体中,此类流体在地层中的入渗行为主要由外部泥膜所控制。

图 2-10 对比了不同泥浆浓度下,试验测得的和理论计算的泥浆渗透距离与时间平方根的关系。由图 2-10 可知,公式(2-3)明显低估了泥浆大量滤失阶段的渗透距离,而公式(2-10)与试验结果吻合良好。

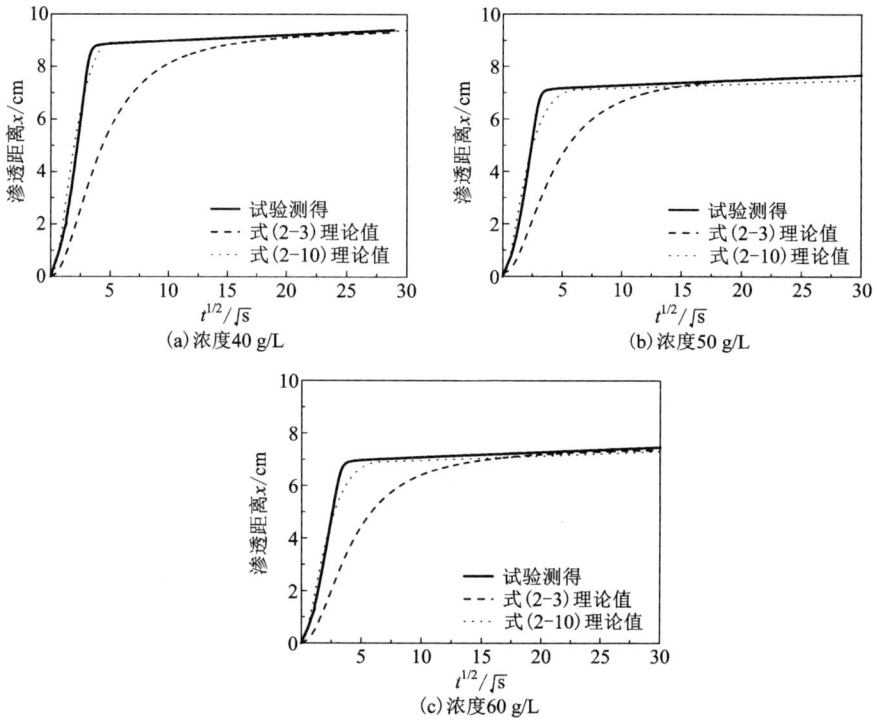

图 2-10   不同浓度泥浆在饱和砂土中的渗透距离与时间平方根的关系

2.5.5   泥膜

1. P_e

图 2-11 为 40 g/L、50 g/L 和 60 g/L 浓度泥浆在不同渗透距离时计算得到的 P_e 值。对于 40 g/L 膨润土泥浆,当 $x > 7.8$ cm 时,$P_e < 10$,表示泥膜在 $x = 7.8$ cm 时开始形成。而图 2-9(a)显示,泥膜在 $x = 6.0$ cm 时就已开始形成,这

表明估计的 P_e 值比试验中的实际值要高。在 50 g/L 和 60 g/L 膨润土泥浆渗透试验中也存在同样情况。图 2-11 显示，50 g/L、60 g/L 泥浆分别在 $x=6.0$ cm、$x=4.5$ cm 时开始形成泥膜；而图 2-9(b) 和 (c) 显示，50 g/L、60 g/L 泥浆分别在 $x=4.5$ cm、$x=3.5$ cm 时开始形成泥膜。$x=4.5$ cm 时 50 g/L 膨润土泥浆计算的 P_e 值为 15.5，60 g/L 膨润土泥浆计算的 P_e 值为 12.5。

在实际工程中，现场测试的泥浆入渗速度通常比实验室测得的小得多，泥浆入渗后达到 $P_e<10$ 的情况更少导致现场的内部泥膜较薄，当泥水盾构在空气压力下进行维修时，较薄的泥膜更容易损坏。

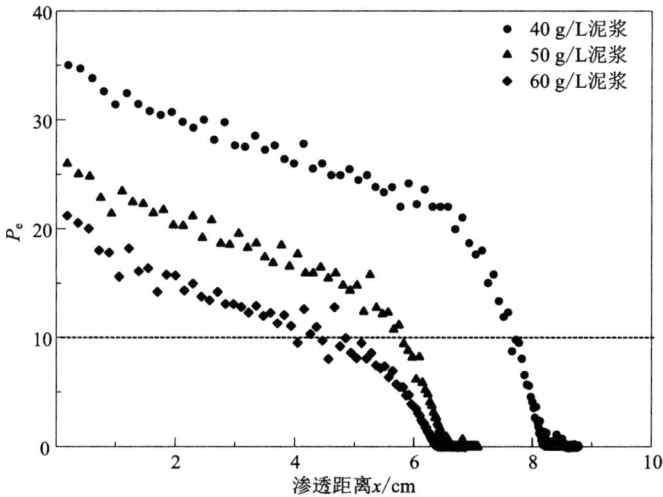

图 2-11　不同浓度泥浆在不同渗透距离时计算得到的 P_e 值

2. 泥膜厚度

在试验结束后，将土样从渗透柱取出，然后在 105 ℃ 的烘箱中干燥 24 h，干燥前后的土样如图 2-12 所示。在图 2-12 中可以清楚观察到泥膜非常薄，为 1.5~2 mm，附着在砂土土样表面。这说明实际工程中，在隧道开挖面上形成的泥膜很容易损坏，刀具切削作用形成的动态泥膜对隧道开挖面稳定性影响的讨论见本专著的第六章。

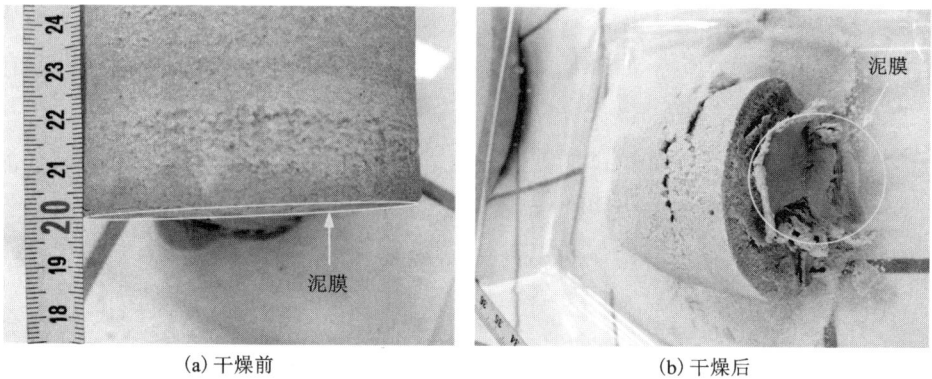

(a) 干燥前　　　　　　　　　　　　　　(b) 干燥后

图 2-12　试验结束后取出的土样

2.6　盾构施工因素对泥浆入渗试验结果的影响分析

通过试验研究及现场调研发现，在实际泥水盾构隧道工程中，泥膜的形成相对较慢(约 3 min)，而泥水盾构机掘进过程中刀盘转速一般大于 1/3 r/min，因此泥膜会被盾构机的刀具破坏。此外，盾构刀盘切削出的渣土会进入泥水舱，进而混入泥浆中。混入了渣土的泥浆的密度将高于新鲜泥浆的密度，其不同的成分组成可能会影响隧道开挖地层的泥浆入渗规律。因此，本节采用泥浆入渗试验探究刀具切削作用及渣土含量对泥浆入渗行为的影响规律。

2.6.1　刀具切削作用的影响

为研究刀具切削泥膜对泥浆入渗行为的影响，在如图 2-5 所示的装置中设置了带扭杆的金属丝网，用于切削泥膜。金属丝网的尺寸远大于膨润土颗粒的尺寸，让膨润土颗粒可以顺畅地通过，避免在金属丝网上形成颗粒堵塞，影响泥膜的形成。

1. 试验步骤

在 2.4.2 节试验步骤(5)与试验步骤(6)之间，增加如下步骤：

(1)采用小功率泵小心地将剩余的泥浆抽出，并保证样品不受干扰，利用金属丝网小心地刮去泥膜；

(2)重复 2.4.2 节试验步骤(3)，再次将新鲜泥浆添加到渗透柱内；

(3)第一次入渗结束和第二次入渗开始之间的时间间隔控制在 5 min 以内，再次进行 2.4.2 节步骤(4)。

2. 泥浆滤水量

图 2-13 为不同浓度泥浆的滤水量与时间平方根的关系，实线为第一次入渗的结果，虚线为切削泥膜后第二次入渗的结果。如图 2-13 所示，第 1 次泥浆入渗时的曲线斜率大于第 2 次泥浆入渗时的曲线斜率，随着泥浆浓度的增加，第 2 次泥浆入渗时的曲线斜率减小。当泥浆浓度为 40 g/L 时，第 1 次和第 2 次入渗过程中的滤水量非常接近；当泥浆浓度为 50 g/L 和 60 g/L 时，第 1 次入渗的总滤水量大于第 2 次。

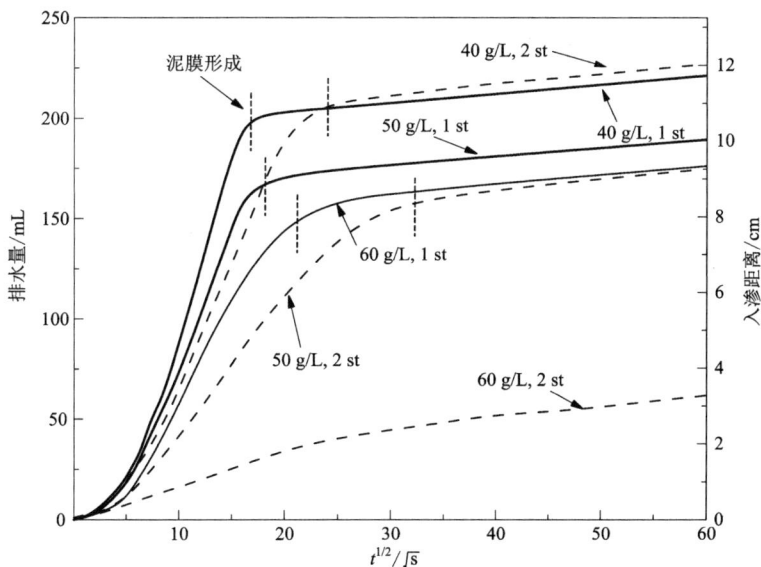

图 2-13　泥浆入渗滤水量与时间平方根的关系

(注：竖线表示泥膜开始形成)

对于不同浓度的泥浆，在第 1 次入渗时，曲线的斜率有明显的变化，易于区分由泥浆大量滤失过渡到泥膜形成的拐点。当泥浆浓度为 40 g/L 时，第 2 次入渗时也易于区分泥浆大量滤失到泥膜形成的拐点；当泥浆浓度为 50 g/L 时，第 2 次入渗的斜率变化缓慢，表明泥浆大量滤失到泥膜形成的过渡是缓慢的；当泥浆浓度为 60 g/L 时，从第 2 次入渗的曲线上几乎难以区分泥浆大量滤失到泥膜形成的拐点，这表明第 2 次入渗行为很大程度上取决于泥浆浓度，泥浆浓度越高，第 2 次入渗的速度就越慢，从泥浆大量滤失向泥膜形成的过渡就越不明显。

3. 泥浆入渗距离

如图 2-13 所示，在第 2 次泥浆入渗试验中，除 40 g/L 泥浆试验的入渗距离与第 1 次试验相同，其他两种浓度的泥浆入渗距离均较第 1 次明显减小。

图 2-14 为不同浓度下泥浆入渗距离与时间平方根的关系，试验得到的泥浆入渗距离先快速增大后趋于稳定，经历了泥浆大量滤失与泥膜形成两个阶段；而由理论公式(2-5)得到的泥浆入渗距离随时间快速增大；考虑触变性后由理论公式(2-5)得到的泥浆最大入渗距离与试验值相近。

对于 40 g/L 泥浆，泥浆大量滤失阶段的最大理论入渗距离为 4.0 m。然而，如图 2-14(a)所示，外部泥膜的形成阻止了泥浆继续入渗，最终入渗距离为 0.12 m。在切削泥膜并开始第 2 次入渗时，内部泥膜尚未形成，泥浆大量滤失仍会继续。

如图 2-14(c)所示，对于 60 g/L 泥浆，泥浆大量滤失阶段由式(2-5)得到的最大理论入渗距离仍大于试验值。若考虑膨润土泥浆的触变性，如图 2-14(c)虚线所示，根据式(2-5)得出的最大理论入渗距离与试验测得的入渗距离一致。由于泥浆的凝胶强度阻止了泥浆的大量滤失，第 2 次入渗试验的泥浆滤失不会引起更深的入渗距离。从图 2-14(c)中可以看出，60 g/L 泥浆第 1 次入渗过程中，入渗曲线斜率在泥膜形成之前就已经下降，这表明泥浆大量滤失的速度减慢。50 g/L 泥浆的试验结果介于上述两种情况之间。

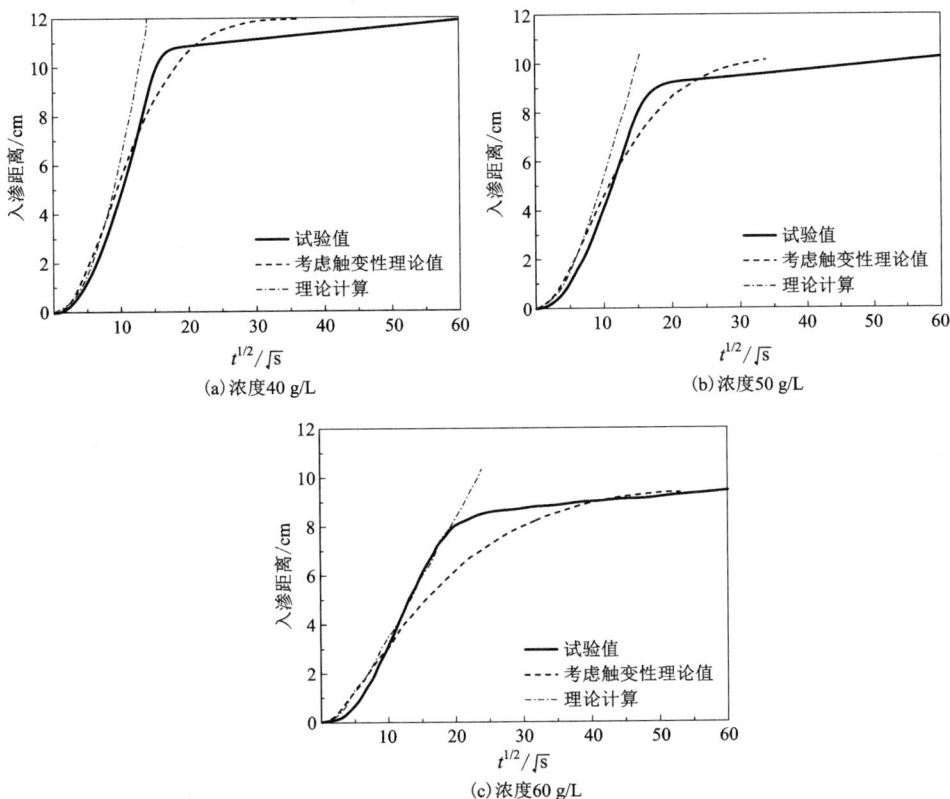

(a) 浓度40 g/L

(b) 浓度50 g/L

(c) 浓度60 g/L

图 2-14　泥浆入渗距离与时间平方根的关系

4. 渗透系数

图 2-15 为 40 g/L 泥浆浓度下两次渗透砂样渗透系数的变化规律，$k1-2$、$k2-3$、$k3-4$ 均随入渗距离的增加经历先减小后趋于稳定再减小的过程。如图 2-15(a) 所示，40 g/L 泥浆在第 1 次入渗时砂样的 k_b 值约为 2.0×10^{-5} m/s。如图 2-15(b) 所示，在第 2 次入渗中，渗透系数（$k1-2$、$k2-3$ 和 $k3-4$）小于 1.0×10^{-5} m/s，这表明在第 1 次入渗后，孔压计所在位置的砂土孔隙中充满了泥浆而不是水。

图 2-16 为 50 g/L 泥浆浓度下两次渗透砂样渗透系数的变化规律，第 1 次入渗 $k1-2$、$k2-3$、$k3-4$ 均随入渗距离的增加经历先减小后趋于稳定再减小的过程，而第 2 次入渗 $k1-2$、$k2-3$、$k3-4$ 随入渗距离的增加持续减小。对于

50 g/L 泥浆，如图 2-16(a)所示，第 1 次泥浆大量滤失时的 k_b 为 5.0×10^{-6} m/s；如图 2-16(b)所示，第 2 次泥浆大量滤失时的 k_b 为 2.5×10^{-6} m/s。

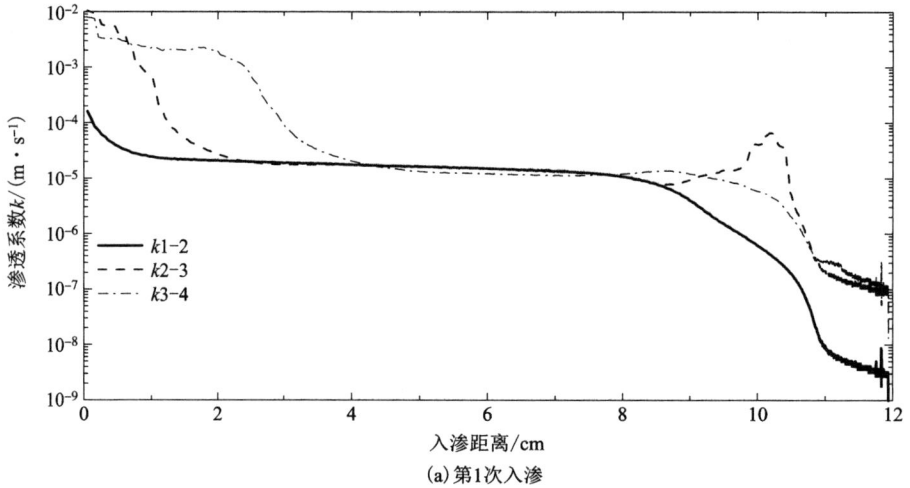

(a)第1次入渗

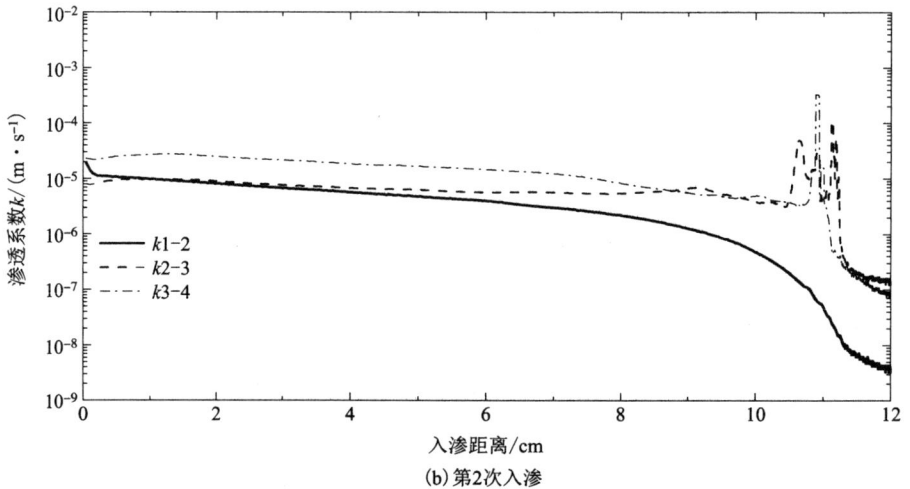

(b)第2次入渗

图 2-15　浓度 40 g/L 时渗透系数随入渗距离的变化情况

图 2-17 为 60 g/L 泥浆浓度下两次渗透砂样渗透系数的变化规律，$k1$-2、$k2$-3、$k3$-4 均随入渗距离的增加持续减小。如图 2-17(a)所示，对于 60 g/L 的泥浆，第 1 次泥浆大量滤失时的 k_b 值为 1.0×10^{-6} m/s；如图 2-17(b)所示，在第 2 次入渗过程中，更多的膨润土颗粒随水渗入砂土中，填充了砂土里较大的孔隙，导致渗透系数进一步减小，内部泥膜进一步形成。

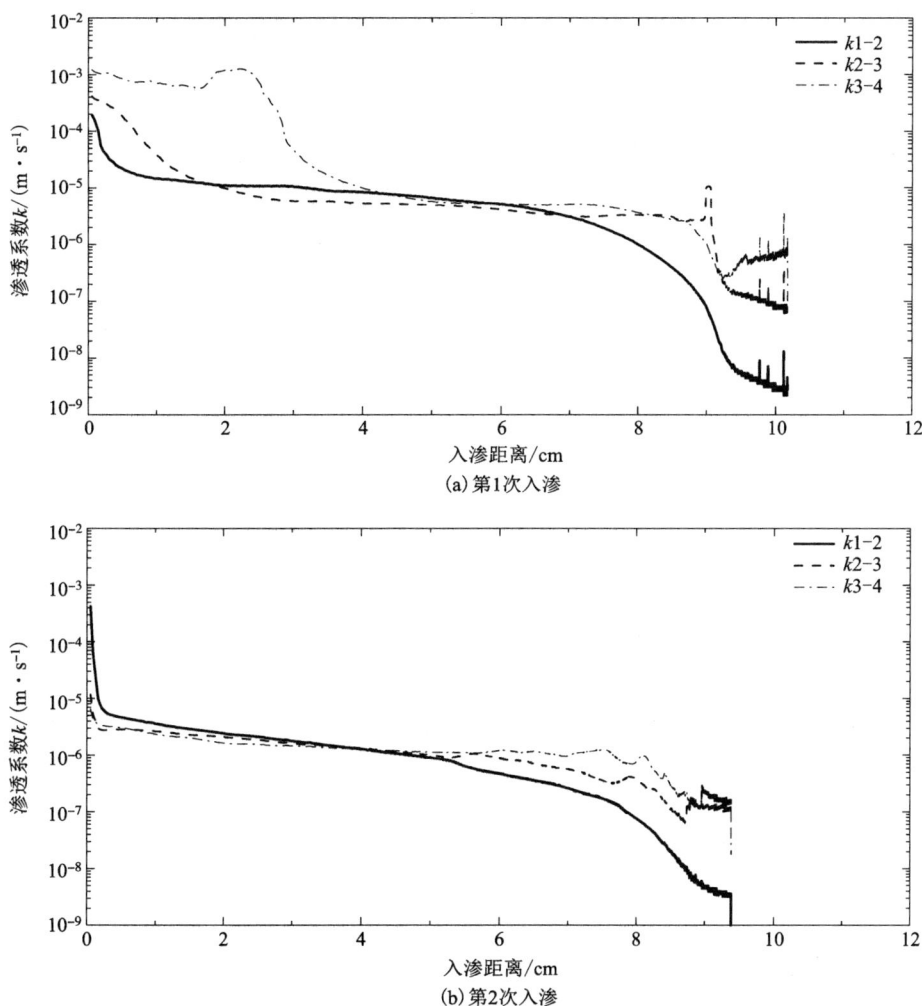

(a) 第1次入渗

(b) 第2次入渗

图 2-16　浓度 50 g/L 时渗透系数随入渗距离的变化情况

(a)第1次入渗

(b)第2次入渗

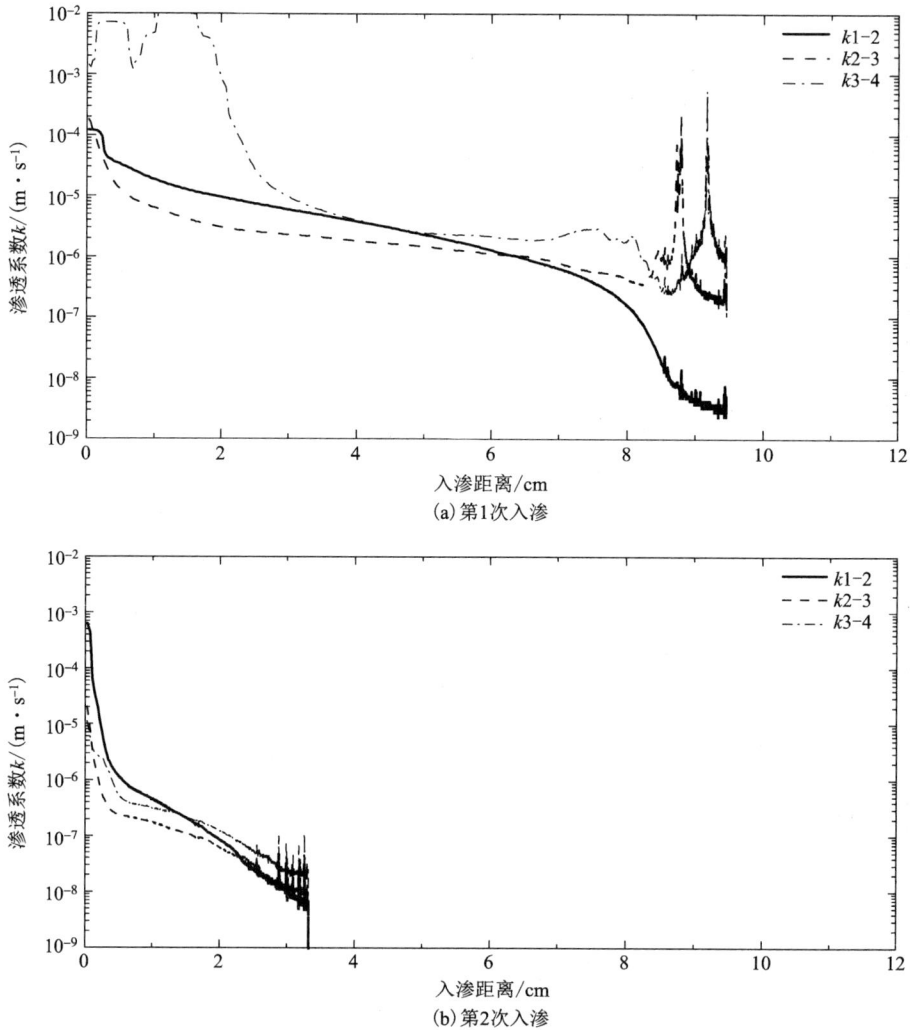

图 2-17　60 g/L 时渗透系数随入渗距离的变化情况

5. 机理分析

图 2-18 为第 1 次和第 2 次泥浆入渗砂土过程的示意图。图 2-18(a)为泥浆还未入渗的初始状态。图 2-18(b)为在泥膜形成之前泥浆大量通过砂土颗粒的过程，即泥浆大量滤失状态。图 2-18(c)为外部泥膜形成状态，膨润土颗粒

沉积在砂土表面,泥浆滤失量会大幅减少,在外部泥膜形成的末期,只有水能通过外部泥膜。图 2-18(d)为第 2 次泥浆入渗状态,切除泥膜并开始第 2 次渗透时,对于低浓度的泥浆(如 40 g/L、50 g/L 的膨润土泥浆),泥浆会再次入渗,再次形成外部泥膜[图 2-18(e)],入渗距离增加;对于高浓度泥浆(如 60 g/L 膨润土泥浆),过程则如图 2-18(f)所示,膨润土颗粒会沉积在砂土间的孔隙中,形成内部泥膜,在这种情况下,第 2 次入渗的滤水量比第 1 次入渗的滤水量少得多。

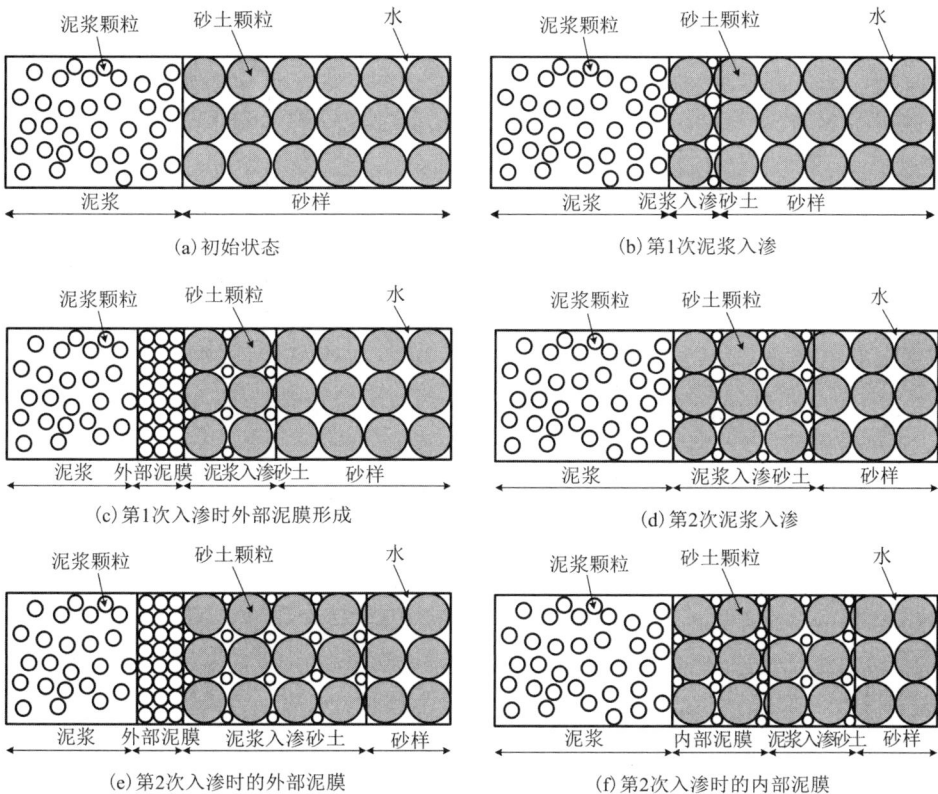

图 2-18　入渗过程示意图

2.6.2　渣土含量的影响

荷兰 The Second Heinenoord 隧道在施工过程中发现,盾构掺砂泥浆的密度值在 1260 kg/m³ 至 1450 kg/m³ 之间[79]。根据上述密度数值范围，选用密度为 1050 kg/m³、1100 kg/m³、1300 kg/m³ 和 1500 kg/m³ 的掺砂泥浆进行试验。泥浆最小屈服应力取决于砂颗粒的相对密度和粒径以及泥浆的相对密度，可按下式计算：

$$\tau_f = 0.7 \frac{2}{3\pi} d_{particle}(\gamma_{particle} - \gamma_{suoponsion}) \tag{2-18}$$

式中：$d_{particle}$ 为砂的平均粒径；$\gamma_{particle}$ 为砂的相对密度；$\gamma_{suoponsion}$ 为泥浆悬浮液的相对密度[68]。

根据式(2-18)计算的泥浆最小屈服应力为 1.16 Pa，根据表 2-1 可知 60 g/L 的泥浆屈服应力为 2.0 Pa，满足屈服应力要求，可用于掺砂泥浆的试验。

1. 试验内容

与新鲜泥浆入渗试验中泥膜的形成不同，掺砂泥浆中的砂粒沉积在掺砂膨润土泥浆和砂柱的边界上，将形成"砂床"。为了观察"砂床"渗透系数的变化过程，将 $k1$ 和 $k2$ 两个孔隙水压力计安装在泥浆和砂柱的边界上方，因此，该试验装置中的 $k2$-3 与 2.4.2 节图 2-5 中的 $k1$-2 相对应。

在 2.4.2 节试验步骤(3)中，将试验砂加入泥浆中，在低速搅拌器中搅拌 5 min。表 2-4 汇总了 4 种密度下掺砂泥浆的水、膨润土和砂土的用量。每次测试持续 1 h，但是对于 1500 kg/m³ 的掺砂泥浆，高滤失量导致 20 cm 高度的泥浆悬浮液在 1 h 内全部入渗，因此需采用 30 cm 高的泥浆悬浮液再次进行该试验。

表 2-4 掺砂泥浆成分

序号	密度/(kg·m⁻³)	水质量/kg	膨润土质量/kg	砂土质量/kg
1	1050			22
2	1100	1000	60	110
3	1300			530
4	1500			1090

2. 泥浆入渗距离

图 2-19 为 4 种掺砂泥浆的滤水量与时间平方根的关系。如图 2-19 所示，

对于密度为 1050 kg/m³ 的掺砂泥浆，在 $25\sqrt{s}$ 左右存在明显的拐点区分泥浆大量滤失与泥膜形成，拐点后滤水量增大速度明显降低，但随着掺砂泥浆密度升高，这种区别逐渐不明显。如图 2-20 所示为掺砂泥浆入渗距离随密度的变化规律，随着泥浆密度的增大，入渗 1 h 后泥浆的入渗距离基本呈线性增加。

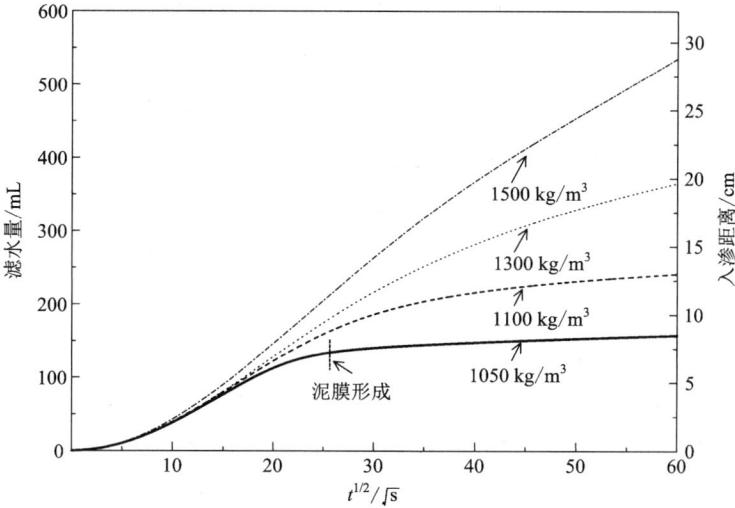

图 2-19　掺砂泥浆滤水量与时间平方根的关系

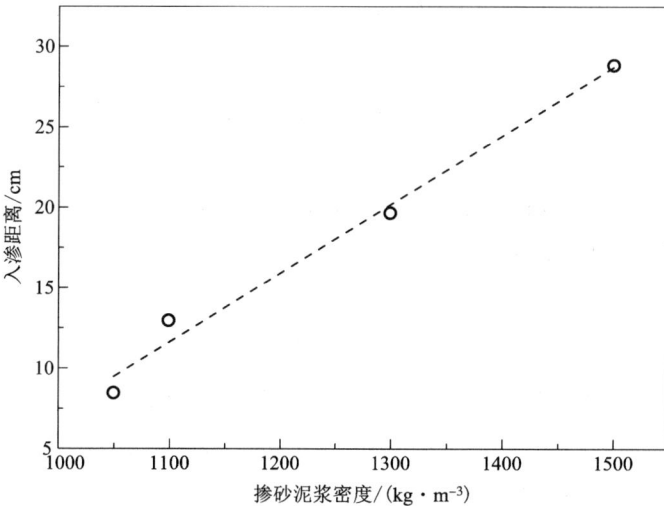

图 2-20　掺砂泥浆入渗距离随密度的变化情况

3. 渗透系数

图 2-21 为掺砂泥浆砂样渗透系数随入渗距离的变化情况，1050 kg/m³ 和 1100 kg/m³ 密度下的 $k1$-2 基本不变，而 1300 kg/m³ 和 1500 kg/m³ 密度下持续降低。1050 kg/m³ 和 1100 kg/m³ 的掺砂泥浆，$k1$ 和 $k2$ 之间（分别高出砂柱表面 3 cm 和 1 cm）存在的泥膜理论上会导致渗透系数降低，但图 2-21（a）（b）的结果显示 $k1$-2 并未降低，且 $k1$-2 比 $k2$-3 大，其原因是：$k2$ 和 $k3$ 之间沉积了一层砂土，通过"深度过滤"，大量膨润土颗粒沉积在 $k2$ 和 $k3$ 间的砂土中，而较低的孔隙率阻止了颗粒的进一步入渗，从而导致泥浆堵塞砂土。如图 2-21（c）（d）所示，在 1300 kg/m³ 和 1500 kg/m³ 两种掺砂泥浆中，$k1$-2 比 $k2$-3 小，这是因为 $k2$ 和 $k3$ 之间未出现"深度过滤"，掺砂泥浆中的膨润土颗粒吸附在泥浆中的砂周围，并沉积在砂柱表面。膨润土颗粒和砂颗粒进一步被吸附在沉积的砂土中，导致沉积砂土渗透系数较低。

如图 2-21（a）（b）所示，在 1050 kg/m³ 和 1100 kg/m³ 泥浆中，当泥膜形成后，$k3$-4 和 $k4$-5 渗透系数大致保持不变；但是如图 2-21（c）（d）所示，在 1300 kg/m³ 和 1500 kg/m³ 泥浆中，$k3$-4 渗透系数持续下降，没有形成外部泥膜。外部泥膜的形成是由于膨润土颗粒被砂土阻碍，并被泥浆压力压实，孔隙率降低。然而，在密度较大的掺砂泥浆中沉积的砂土会形成一个颗粒骨架，压力由颗粒骨架承担而不是膨润土颗粒，膨润土颗粒会吸附在砂土颗粒上，因此不会形成较低的孔隙率。

如图 2-21（c）所示，在 1300 kg/m³ 泥浆试验中，$k6$-7 测得的渗透系数持续下降，尽管理论上泥浆入渗尚未到达该区域。这是由 $k7$ 孔压计的误差造成的。图 2-22 为 1300 kg/m³ 掺砂泥浆压力差随入渗距离的变化情况，从图中可以看出，当泥浆到达该区域时，$k6$ 和 $k7$ 之间的压力差基本保持不变。渗透距离超过 4 cm（$k4$ 和 $k5$ 孔压计之间的距离）时，$k4$-5 和 $k5$-6 之间的压力差开始增大，这是"深度过滤"的结果。膨润土颗粒在流经砂土孔隙时被吸附，泥浆中水的移动速度大于泥浆颗粒的速度，当泥浆中的水到达时压力差不会增大，只有当膨润土颗粒到达时压力差才会增大。因此，在"深度过滤"过程中沉积砂土中的膨润土浓度将高于泥浆中的膨润土浓度。在泥浆大量滤失过程中，泥浆只有一个入渗前锋线（膨润土颗粒随水一起流动）。但是在"深度过滤"过程中，膨润土颗粒和泥浆中水的移动速度不同, 泥浆中的水入渗到了更深层, 而大部分膨润土颗粒被过滤在上部。

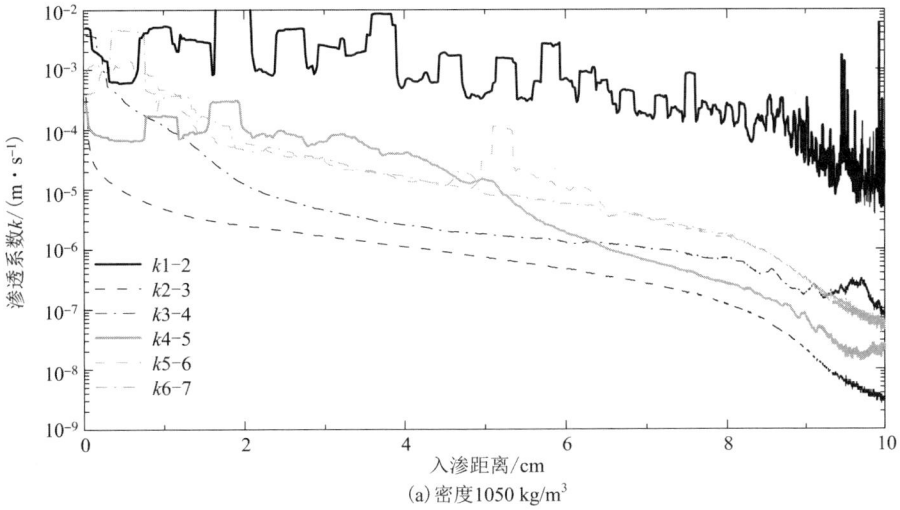

(a) 密度1050 kg/m³

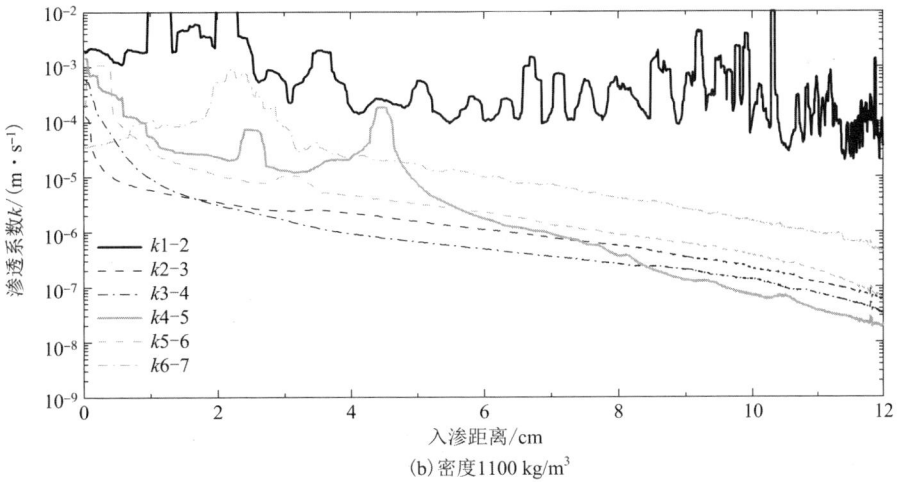

(b) 密度1100 kg/m³

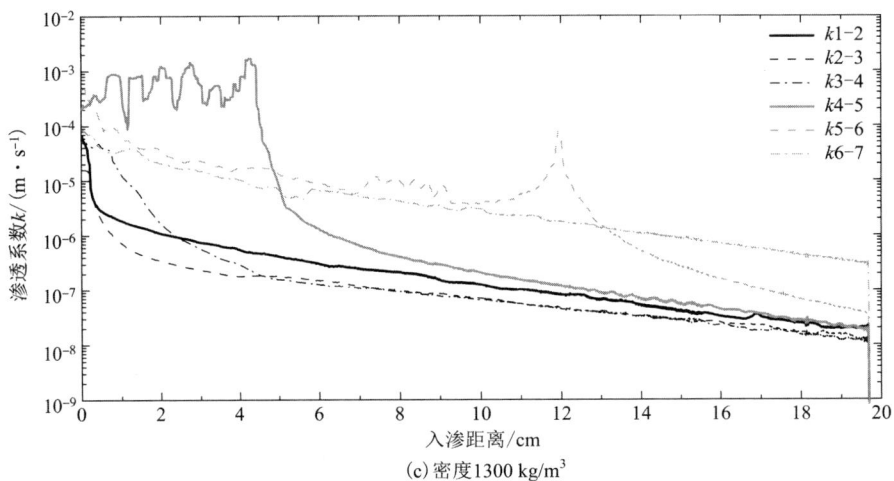

(c) 密度1300 kg/m³

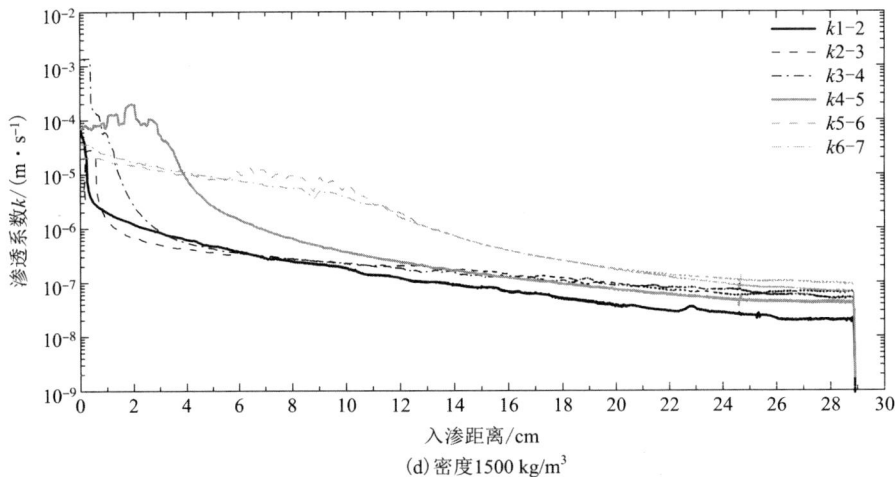

(d) 密度1500 kg/m³

图 2-21　掺砂泥浆渗透系数随入渗距离的变化情况

　　试验表明,在泥浆含渣土量较高时几乎不会生成外部泥膜,会产生一个内部泥膜,掺砂泥浆形成的泥膜比新鲜泥浆形成的泥膜更厚。当盾构机需要停机开舱时,这种情况对于隧道施工的安全性是有利的,因为泥浆渗透形成的低渗透层的厚度比预期的要大。

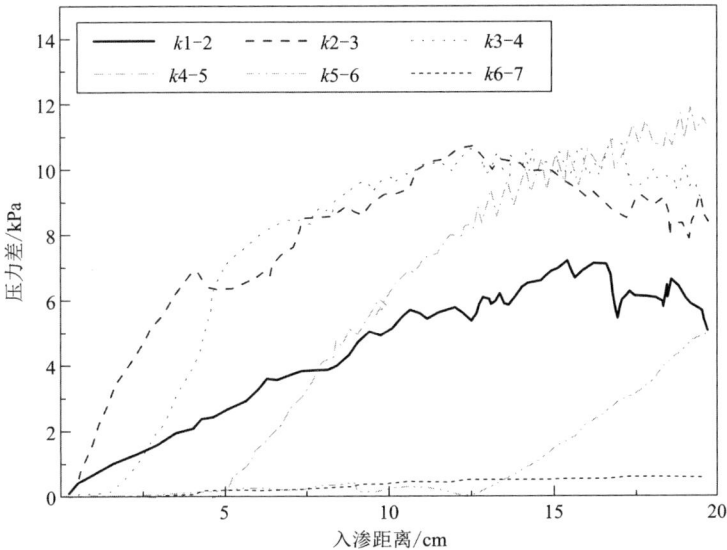

图 2-22　1300 kg/m³ 掺砂泥浆入渗时压力差随入渗距离的变化情况

4. 机理分析

如图 2-21(a)(b)中 $k5$-6 和 $k6$-7 所示，泥浆大量滤失意味着膨润土颗粒快速入渗到砂土中，当外部泥膜形成时，泥浆大量滤失停止，只有泥浆中的水继续入渗，此时渗透带下方砂土中没有入渗的膨润土颗粒，渗透系数仍然很高。

如图 2-21(c)(d)中 $k5$-6 和 $k6$-7 所示，在"深度过滤"过程中，没有形成外部泥膜，膨润土颗粒会持续不断渗入砂土，从而不断降低渗透系数。在切削泥膜后，60 g/L 的泥浆进行 2 次渗透时也发现了同样的规律，在该过程中也没有形成外部泥膜。

图 2-23 为"深度过滤"过程的简图。如图 2-23(a)所示为初始状态，泥浆尚未开始入渗。如图 2-23(b)所示为泥浆颗粒入渗，这一过程入渗量大且恒定但时间很短。之后，如图 2-23(c)所示，与形成泥膜相反，膨润土颗粒被保留在深度过滤层(沉积砂或称为"砂床")的孔隙中。"深度过滤"的典型效果是膨润土颗粒黏附在过滤层(沉积砂或称为"砂床")的颗粒上。只有相当大的颗粒才会被筛分效应保留下来。在"深度过滤"过程中，粗颗粒(砂土)越来越多地被细颗粒(膨润土颗粒)堵塞。因此，砂土的渗透性会慢慢降低。

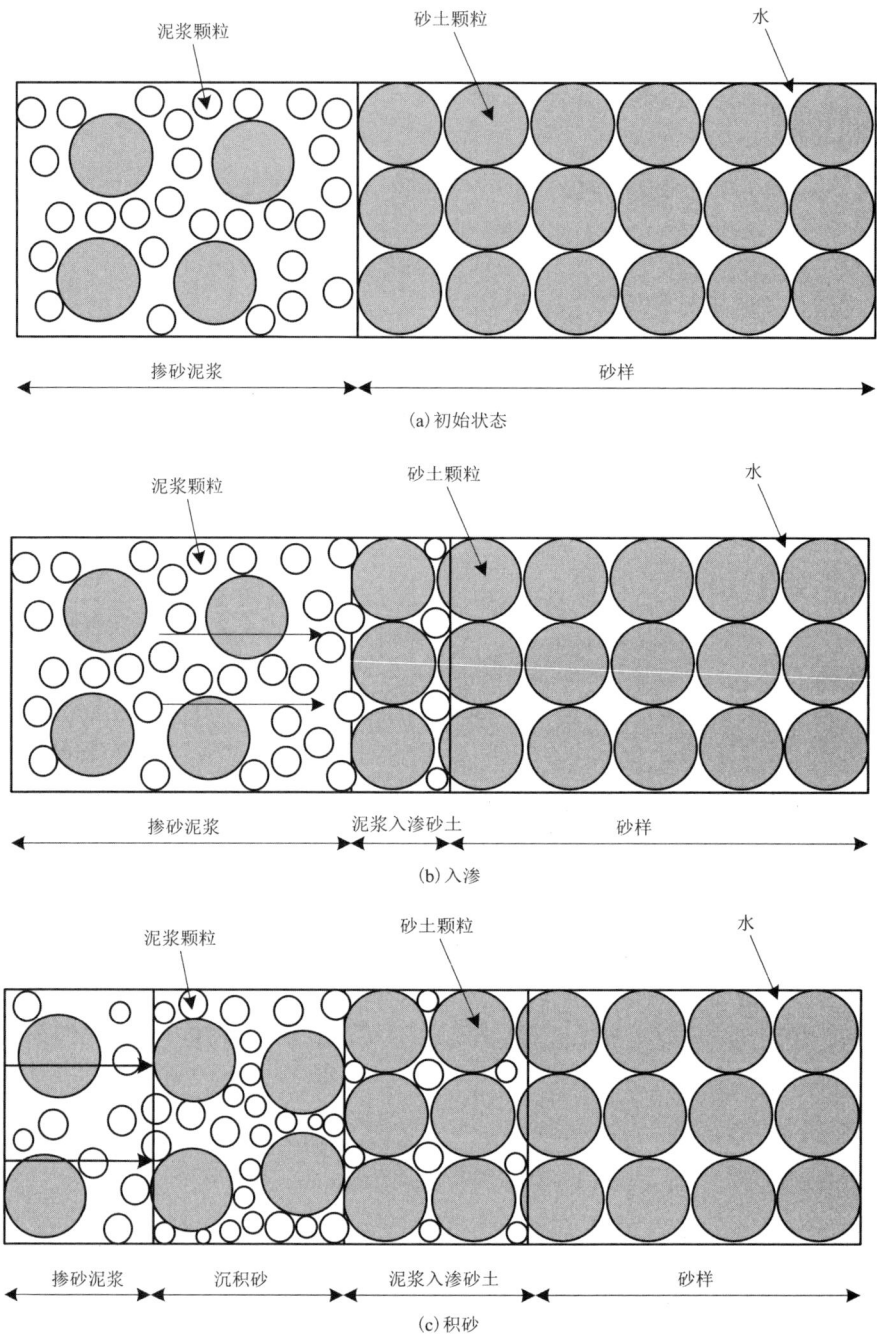

图 2-23 "深度过滤"过程示意图

在未掺砂泥浆中，当压力梯度将水从泥浆中压出后，颗粒上的压力会在膨润土颗粒之间产生有效应力，膨润土颗粒接触并固结在砂土颗粒上，就形成了泥膜。而在掺砂泥浆中，存在不可压缩的砂土颗粒，这些砂土颗粒会承受大部分有效应力，从而避免膨润土颗粒变成泥膜。

2.7　本章小结

本章首先介绍了泥浆大量滤失和泥膜形成两个阶段的理论模型；从泥浆流变性、物理化学性质和泥膜质量多方面说明了泥浆的基本性质；介绍了泥浆渗透试验装置，分析了不同浓度泥浆入渗砂土地层的试验结果，从滤水量、孔隙水压力变化方面分析泥浆大量滤失和泥膜形成机理，探究泥浆浓度对砂土渗透系数以及泥膜渗透系数的影响，并对泥膜形成判定和泥膜厚度进行了分析。然后研究了盾构机刀具切削对泥浆入渗行为的影响规律，发现低浓度泥浆第 1 次入渗形成的外部泥膜被刀具切除后，其入渗行为与第 1 次基本保持一致；但对于高浓度泥浆而言，第 1 次入渗的膨润土颗粒会沉积在砂土间的孔隙中，形成内部泥膜，第 2 次入渗不存在泥浆大量滤失向泥膜形成的过渡。最后研究了泥浆中掺入砂土对其入渗行为的影响规律，发现掺砂泥浆会发生"深度过滤"，泥浆中的砂土堆积在砂样表面形成深度过滤层，膨润土颗粒被吸附在深度过滤层中，随着掺砂泥浆密度的增大，入渗 1 h 后泥浆的入渗距离也随之增加。

第3章

岩土塑性力学极限分析基本原理

3.1 引言

一般而言，岩土工程的稳定和变形问题需要基于弹塑性力学进行求解，并要满足4个基本条件[80-81]：①应力平衡方程；②应力-应变关系（即本构关系）；③应变与位移相容方程；④屈服准则。同时满足以上4个基本条件，求解岩土材料的应力场和位移场的理论解是极其困难的。

对于弹塑性岩土材料而言，问题的解与加载路径和应力历史有很强的关联性。当外荷载从零逐渐增加，岩土材料的变形失稳过程一般分为3个阶段[82-83]：①初始阶段，初始阶段外加荷载较小，土体处于弹性状态；②约束塑流的中间阶段，该阶段只有局部土体处于塑性状态，其塑性变形受到周围弹性区的约束；③自由（无限制）塑流的最后阶段，该阶段大部分土体发生屈服，塑性变形不受限制，如果再继续增加荷载，无论增加的值多小，土体都会破坏。对于土力学问题，当荷载从零增加到导致土体破坏时，要获得上述3个阶段的应力和应变的渐进性失稳过程的理论解答是非常难的。

幸运的是，对于一些岩土工程（如边坡、地基、隧道等）极限状态稳定问题，工程师们最关心的往往并不是岩土体结构内部应力场、位移场的大小和分布情况，而是岩土结构的极限承载能力（如边坡临界高度、地基极限承载力、隧道围岩压力）、岩土体的破坏模式及破坏范围等问题[81, 83]。对于这些问题，岩土塑性力学极限分析理论绕开材料复杂的本构关系，忽略中间的弹塑性过程，直接考虑其极限状态，可以给出极限荷载的上限估计和下限估计，从而确定极限荷载的大致范围[83-85]。

3.2　极限分析理论基本假设

3.2.1　理想弹塑性假设

与钢筋、混凝土等土木工程材料不同，土是由细颗粒、孔隙水和空气组成的三相混合介质，表现出复杂的物理力学性质，如不连续性、不均匀性、各向异性、非线性、剪胀和软化等[81]。图3-1展示了典型的密砂(或者超固结黏土)与松砂(或者正常固结黏土)的三轴压缩试验应力-应变关系[81]。对于密砂或者超固结黏土，在初始阶段，随着应变增大，应力持续增加并达到最高点，之后应力随着应变的增大而减小，最后应力保持不变，应变继续增大。在塑性理论中，应力随着应变的增大而增加的现象称为应变硬化，应力随着应变增大却减小的现象称为应变软化。在加载过程中，松砂或正常固结黏土表现出应变硬化行为，不存在应变软化行为；密砂或超固结黏土在经历应变硬化后，还会产生应变软化行为。岩土材料进入应变软化阶段后，常伴随应变局部化(剪切带)的出现。

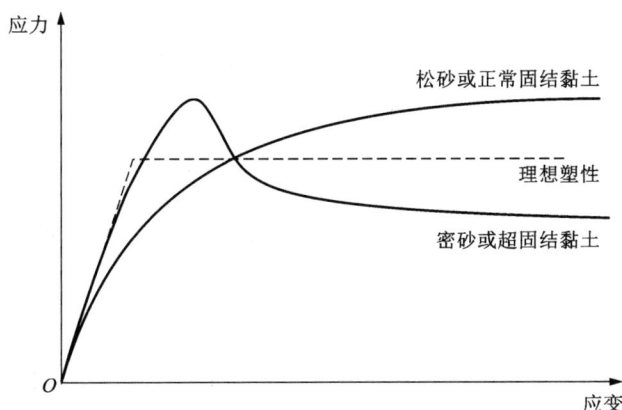

图3-1　岩土材料的应力-应变关系

为了简化分析，塑性力学极限分析理论将土体简化成理想弹塑性材料，其应力-应变关系为线弹性，如图 3-1 中虚线所示，当应力超过弹性极限，应变无限增大，进入无限制塑性流动。无限制塑性流动意味着破坏状态，对应着材料的极限状态，相应的速度场称为破坏机构，相应的荷载称为极限荷载[82]。可以证明，由于无限制塑性流动对应的应变率是纯塑性应变率，采用理想弹塑性材料和理想刚塑性材料求解得到的极限荷载大小相等[82-83]。

3.2.2 德鲁克公设

德鲁克公设是塑性力学中十分重要的一个假设。对于硬化材料而言，在常温和缓慢加、卸载条件下，对一个完整的弹塑性加、卸载循环过程，德鲁克公设做出如下两个假设[81-82]：

(1)在加载过程中，附加应力做功为正。

(2)在一个加、卸载循环中，如果加载产生塑性变形，则附加应力做功为正；如果塑性变形为零，则附加应力做功为零。

假设材料的初始应力位于屈服面内某一点 A，其应力状态为 σ_{ij}^0，如图 3-2 所示，施加外荷载使其达到屈服面上的 B 点，其应力状态为 σ_{ij}，附加应力为 $\sigma_{ij} - \sigma_{ij}^0$，进一步施加外荷载产生应力增量 $\mathrm{d}\sigma_{ij}$ 使其达到 C 点（应力状态为 $\sigma_{ij} + \mathrm{d}\sigma_{ij}$），在该点产生弹性应变增量 $\mathrm{d}\varepsilon_{ij}^e$ 和塑性应变增量 $\mathrm{d}\varepsilon_{ij}^p$，再沿着路径 CD 撤去附加应力，回到初始应力状态 σ_{ij}^0（即回到 A 点）。根据第 2 个假设，有

$$\oint_{\sigma_{ij}} (\sigma_{ij} - \sigma_{ij}^0) \mathrm{d}\varepsilon_{ij} > 0 \tag{3-1}$$

式(3-1)表示图 3-2 中阴影部分四边形 $ABCD$ 的面积。当塑性变形为零的时候，该面积为零；塑性变形不为零的时候，该四边形的面积可以表达为

$$\left(\sigma_{ij} - \sigma_{ij}^0 + \frac{1}{2}\mathrm{d}\sigma_{ij} \right) \mathrm{d}\varepsilon_{ij}^p > 0 \tag{3-2}$$

当初始应力 σ_{ij}^0 位于 B 点所在的屈服面内，$\sigma_{ij} \neq \sigma_{ij}^0$，去高阶项，式(3-2)可写为

$$(\sigma_{ij} - \sigma_{ij}^0) \mathrm{d}\varepsilon_{ij}^p > 0 \tag{3-3}$$

当初始应力 σ_{ij}^0 位于 B 点所在的屈服面上，$\sigma_{ij} = \sigma_{ij}^0$，式(3-2)可写为

$$\mathrm{d}\sigma_{ij}\mathrm{d}\varepsilon_{ij}^p > 0 \tag{3-4}$$

总应变增量 $\mathrm{d}\varepsilon_{ij}$ 可以分解成弹性应变增量 $\mathrm{d}\varepsilon_{ij}^e$ 和塑性应变增量 $\mathrm{d}\varepsilon_{ij}^p$ 之和，

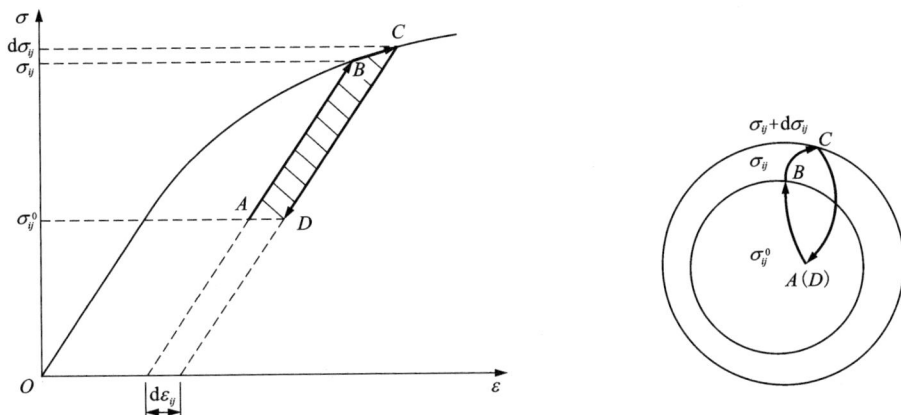

图 3-2　一个完整的弹塑性加、卸载应力循环示意图

所以有

$$\mathrm{d}\sigma_{ij}\mathrm{d}\varepsilon_{ij} = \mathrm{d}\sigma_{ij}(\mathrm{d}\varepsilon_{ij}^e + \mathrm{d}\varepsilon_{ij}^p) > \mathrm{d}\sigma_{ij}\mathrm{d}\varepsilon_{ij}^p > 0 \qquad (3-5)$$

上式表明加载过程中附加应力做功为正，于是假设（1）得证。

对于理想弹塑性材料，达到屈服点以后有 $\mathrm{d}\sigma_{ij} = 0$，所以德鲁克公设式（3-4）、式（3-5）中的"＞"应该改为"≥"。

满足德鲁克公设两个假设的材料，即应力增量在应变增量上做功为正的材料，被称为稳定材料；相反，应力增量在应变增量上做功为负的材料，被称为不稳定材料。必须指出，许多岩土材料在加载过程中会产生应变软化行为，属于不稳定材料。

3.2.3　屈服面外凸性和正交流动法则

由德鲁克公设可以推知，对于稳定材料，其达到塑性流动时，屈服面形状为外凸，下面进行证明。

建立塑性应变空间，使其与应力空间重合，即应力主轴与塑性应变主轴重合，如图 3-3 所示。假设材料的初始应力位于屈服面内某一点 A，其应力状态为 σ_{ij}^0，当前的应力位于屈服面上某一点 B，其应力状态为 σ_{ij}，则有

$$\sigma_{ij} - \sigma_{ij}^0 = \boldsymbol{AB} \qquad (3-6)$$

$$\mathrm{d}\varepsilon_{ij}^p = \boldsymbol{BC} \qquad (3-7)$$

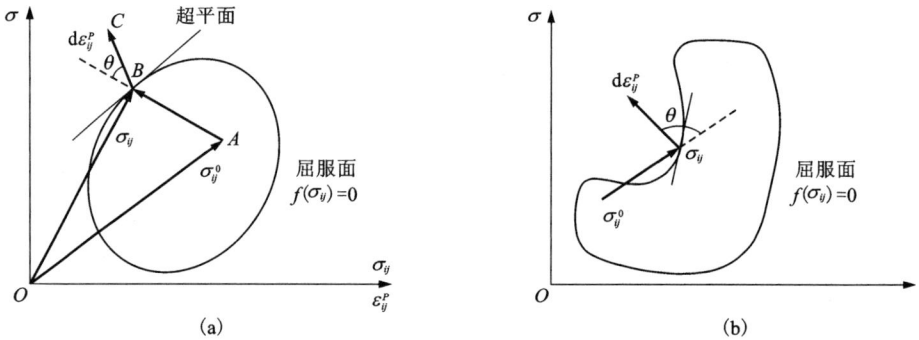

图 3-3 屈服面外凸性与正交性

由德鲁克公设，有

$$(\sigma_{ij}-\sigma_{ij}^0)\mathrm{d}\varepsilon_{ij}^p=|\boldsymbol{AB}||\boldsymbol{BC}|\cos\theta\geqslant0 \qquad (3-8)$$

其中，θ 是向量 $\boldsymbol{AB}$ 与 $\boldsymbol{BC}$ 之间的夹角，要使式（3-8）成立，需有 $\cos\theta\geqslant0$，即 $0\leqslant\theta\leqslant90°$。要满足这一条件，需满足以下两个要求：（1）如图 3-3 所示，在应力空间中，屈服面 $f(\sigma_{ij})=0$ 的任意切平面处于其一侧而不能与其相交，即稳定材料的屈服面是外凸形的；（2）塑性应变增量 $\mathrm{d}\varepsilon_{ij}^p$ 与屈服面正交。塑性应变增量 $\mathrm{d}\varepsilon_{ij}^p$ 可以写成

$$\mathrm{d}\varepsilon_{ij}^p=\mathrm{d}\lambda\,\frac{\partial f(\sigma_{ij})}{\partial\sigma_{ij}} \qquad (3-9)$$

上式被称为塑性应变增量 $\mathrm{d}\varepsilon_{ij}^p$ 的正交流动法则，比例因子 $\mathrm{d}\lambda>0$，表示塑性应变增量的大小。

在德鲁克公设被提出来之前，流动法则规定塑性应变增量 $\mathrm{d}\varepsilon_{ij}^p$ 与塑性势函数 $g(\sigma_{ij})$ 的应力梯度成正比，即

$$\mathrm{d}\varepsilon_{ij}^p=\mathrm{d}\lambda\,\frac{\partial g(\sigma_{ij})}{\partial\sigma_{ij}} \qquad (3-10)$$

对比式（3-9）与式（3-10），可得到结论：对于服从德鲁克公设的稳定材料，塑性势面 g 与屈服面 f 重叠，即 $f=g$。屈服函数和塑性势函数都为应力状态函数，将 $f=g$ 的塑性本构关系称为与屈服函数相关联流动法则，将 $f\neq g$ 称为非关联流动法则[81-82]。值得一提的是，稳定材料一般满足相关联流动法则；非稳定性材料，如岩土材料，一般服从非关联流动法则。

3.3　极限分析上限和下限定理

3.3.1　静力许可应力场

如图 3-4(a)所示,物体受到体力 F_i 作用,外表面上受到外力 T_i 作用(包括外力和约束反力), σ_{ij} 为物体内部产生的应力场, A_T 表示物体承受外力的外表面, A_U 表示物体受到约束反力作用的外边界。满足以下三项条件的应力分布 σ_{ij} ,称为静力许可应力场[82]:

(1)物体内部的应力分布满足静力平衡

$$\frac{\partial \sigma_{ij}}{\partial x_i}+F_i=0, \ \sigma_{ij}=\sigma_{ji} \tag{3-11}$$

(2)在外表面的力边界 A_T 和约束边界 A_U 上,满足应力边界条件

$$T_i=\sigma_{ij}n_j \tag{3-12}$$

(3)处处不违反屈服准则

$$f(\sigma_{ij}) \leqslant 0 \tag{3-13}$$

满足式(3-11)、式(3-12)和式(3-13),表明物体内部和边界上的外力和内力满足静力平衡关系,且材料没有进入屈服状态。

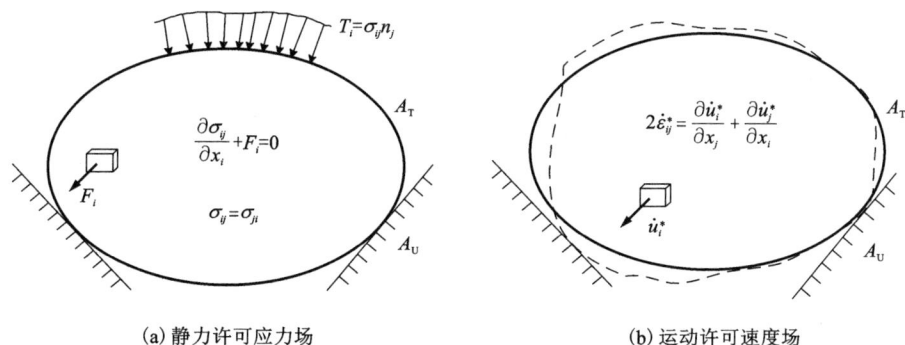

(a)静力许可应力场　　　　　　　　(b)运动许可速度场

图 3-4　物体的两种不同状态

3.3.2　运动许可速度场

同一物体满足以下两项条件的位移场 u_i，称为运动许可的位移场[82]。

(1)应变与位移相容条件：

$$2\varepsilon_{ij} = \frac{\partial u_i}{\partial x_j} + \frac{\partial u_j}{\partial x_i} \qquad (3-14)$$

(2)在约束边界 A_U 上，满足给定的位移边界条件：

$$u_i = \overline{u}_i \qquad (3-15)$$

满足式(3-14)和式(3-15)的位移和应变为物体内部一种可能的协调变形，其内部位移处处连续。将位移和应变对时间求导，可以获得应变率场和速度场，如图3-4(b)所示。满足以下两项条件的速度场 $\dot{u}_i$，称为运动许可的速度场。

(1)应变率与速度相容条件：

$$2\dot{\varepsilon}_{ij} = \frac{\partial \dot{u}_i}{\partial x_j} + \frac{\partial \dot{u}_j}{\partial x_i} \qquad (3-16)$$

(2)在约束边界 A_U 上，满足给定的速度边界：

$$\dot{u}_i = \overline{\dot{u}_i} \qquad (3-17)$$

满足式(3-16)和式(3-17)的速度场处处连续，$\dot{u}_i$ 为物体一种可能的运动许可速度场。

3.3.3　虚功原理与虚功率原理

虚功原理是证明和应用极限分析原理的理论基础。虚功原理可表述为：对任何一组与静力许可应力场 σ_{ij} 平衡的外荷载 T_i 和 F_i，及任何一组与运动许可位移场 u_i 相协调的应变 ε_{ij}，外荷载 F_i 和 T_i 在运动许可位移场 u_i 上所做的虚功等于静力许可应力场 σ_{ij} 在应变 ε_{ij} 上做的虚功。其表达式如下：

$$\int_{A_T+A_U} T_i u_i \mathrm{d}A + \int_V F_i u_i \mathrm{d}V = \int_V \sigma_{ij}\varepsilon_{ij}\mathrm{d}V \qquad (3-18)$$

式中：V 为物体的体积。

类似地，虚功率原理可以表述为[82]：任何一组与静力许可应力场 σ_{ij} 平衡的外荷载 T_i 和 F_i，及任何一组与运动许可速度场 $\dot{u}_i$ 相协调的应变率 $\dot{\varepsilon}_{ij}$，外荷载 F_i 和 T_i 在运动许可速度场 $\dot{u}_i$ 上所做的虚功率等于静力许可应力场 σ_{ij} 在应

变率 $\dot{\varepsilon}_{ij}$ 上做的虚功率。其表达式如下：

$$\int_{A_T+A_U} T_i \dot{u}_i \mathrm{d}A + \int_V F_i \dot{u}_i \mathrm{d}V = \int_V \sigma_{ij} \dot{\varepsilon}_{ij} \mathrm{d}V \qquad (3-19)$$

静力许可应力场和运动许可位移场（速度场）是同一物体的两种不同状态，两者可以完全独立，没有任何关系。

由于极限分析理论采用理想弹塑性模型，在应用其分析问题时，会出现应力间断和速度间断的现象。在允许间断线存在的情况下，虚功率方程的形式需要进行修正。当存在应力间断时，在应力间断线两侧的作用力与反作用力大小相等且方向相反，而间断线上的速度场是连续的，所以间断线两侧作用力在虚功率方程中相互抵消，虚功率方程无须修正[82-83]。当存在速度间断时，间断线上的速度场不连续，与应力间断的情况不同，会消耗塑性功率，相应的虚功率方程修正如下[81-82]：

$$\int_{A_T+A_U} T_i \dot{u}_i^* \mathrm{d}A + \int_V F_i \dot{u}_i^* \mathrm{d}V = \int_V \sigma_{ij} \dot{\varepsilon}_{ij}^* \mathrm{d}V + \int_\Gamma \tau [\dot{u}_t^*] \mathrm{d}s \qquad (3-20)$$

式中：τ 为静力许可应力场 σ_{ij} 在间断线 Γ 上沿切线方向的切应力；$[\dot{u}_t^*]$ 为速度场在间断线上沿切线方向的速度间断值。

3.3.4　极限分析定理证明

极限分析理论包括上限定理和下限定理。参考文献[3-5]的内容，下面对岩土塑性力学极限分析上限和下限定理进行介绍和证明。假定物体承受的外荷载成比例变化，体力 F_i 和外表面力 T_i 可记为

$$\begin{cases} F_i = m\tilde{F}_i \\ T_i = m\tilde{T}_i \end{cases} \qquad (3-21)$$

式中：$\tilde{F}_i$ 和 $\tilde{T}_i$ 不随时间变化，表示固定不变的外荷载；$m>0$，为荷载因子。

假设物体达到极限状态，对应的极限荷载是 $F_i^* = m^*\tilde{F}_i$ 和 $T_i^* = m^*\tilde{T}_i$，m^* 称为极限荷载因子，对应极限状态应力场 σ_{ij}^*、速度场 $\dot{u}_i^*$ 和应变率场 $\dot{\varepsilon}_{ij}^*$。同时假设一个静力许可应力场 σ_{ij}^0，与它对应的外荷载 $F_i^0 = m^0\tilde{F}_i$、$T_i^0 = m^0\tilde{T}_i$ 处于平衡状态，m^0 称为静力荷载因子。

1. 下限定理的证明

下限定理可表述为：与任意静力许可应力场 σ_{ij}^0 相平衡的外荷载 F_i^0 和 T_i^0

不会超出引起物体破坏的极限荷载 F_i^* 和 T_i^*，即为极限荷载的下限。下限定理认为，如果能找到静力许可应力场，则自由塑流不会发生。下限定理只考虑平衡和屈服，而不考虑土体变形和运动。

证明： 对于静力许可应力场 σ_{ij}^0 及外荷载 F_i^0 和 T_i^0，极限状态速度场 $\dot{u}_i^*$ 和应变率场 $\dot{\varepsilon}_{ij}^*$ 为运动许可速度场和应变率场，由虚功率原理有

$$m^0\left(\int_V \tilde{F}_i \dot{u}_i^* \, \mathrm{d}V + \int_{A_\mathrm{T}+A_\mathrm{U}} \tilde{T}_i \dot{u}_i^* \, \mathrm{d}S\right) = \int_V \sigma_{ij}^0 \dot{\varepsilon}_{ij}^* \, \mathrm{d}V + \int_\Gamma \tau^0 \left[\dot{u}_t^*\right] \mathrm{d}\Gamma \quad (3\text{-}22)$$

极限状态应力场 σ_{ij}^* 亦为静力许可应力场，对极限荷载 $F_i^* = m^* \tilde{F}_i$、$T_i^* = m^* \tilde{T}_i$ 和极限状态速度场 $\dot{u}_i^*$、应变率场 $\dot{\varepsilon}_{ij}^*$，应用虚功率原理有

$$m^*\left(\int_V \tilde{F}_i \dot{u}_i^* \, \mathrm{d}V + \int_{A_\mathrm{T}+A_\mathrm{U}} \tilde{T}_i \dot{u}_i^* \, \mathrm{d}S\right) = \int_V \sigma_{ij}^* \dot{\varepsilon}_{ij}^* \, \mathrm{d}V + \int_\Gamma \tau_s^* \mid \left[\dot{u}_t^*\right] \mid \mathrm{d}\Gamma$$

$$(3\text{-}23)$$

式中：τ_s^* 为间断面上 Γ 的切向屈服极限，与切向速度间断值 $\Delta\dot{u}_t^*$ 同号。式 (3-22) 与式 (3-23) 两边对应相减，得

$$(m^* - m^0)\left(\int_V \tilde{F}_i \dot{u}_i^* \, \mathrm{d}V + \int_{A_\mathrm{T}+A_\mathrm{U}} \tilde{T}_i \dot{u}_i^* \, \mathrm{d}S\right) =$$

$$\int_V (\sigma_{ij}^* - \sigma_{ij}^0) \dot{\varepsilon}_{ij}^* \, \mathrm{d}V + \int_\Gamma (\tau_s \mp \tau^0) \mid \left[\dot{u}_t^*\right] \mid \mathrm{d}\Gamma \quad (3\text{-}24)$$

在整个物体上，极限外荷载在相应速度场上所做功率大于零[82]，即 $\int_V F_i^* \dot{u}_i^* \, \mathrm{d}V + \int_{A_\mathrm{T}+A_\mathrm{U}} T_i^* \dot{u}_i^* \, \mathrm{d}S > 0$ 或 $\int_\Omega \tilde{F}_i \dot{u}_i^* \, \mathrm{d}\Omega + \int_{A_\mathrm{T}+A_\mathrm{U}} \tilde{T}_i \dot{u}_i^* \, \mathrm{d}S > 0$。

静力许可应力场 σ_{ij}^0 不违背屈服条件，即 $f(\sigma_{ij}^0) \leq 0$，则必有 $|\tau^0| \leq \tau_s$，故 $\tau_s \mp \tau^0 \geq 0$。根据德鲁克公设，对一个微小的时间间隔 $\mathrm{d}t>0$，应变增量 $\mathrm{d}\varepsilon_{ij}$ 和应变率 $\dot{\varepsilon}_{ij}$ 之间的关系为

$$\mathrm{d}\varepsilon_{ij}^* = \dot{\varepsilon}_{ij}^* \, \mathrm{d}t > 0 \quad (3\text{-}25)$$

将式 (3-25) 代入式 (3-4) 可得

$$\mathrm{d}\sigma_{ij}\mathrm{d}\varepsilon_{ij}^* = \mathrm{d}\sigma_{ij}(\dot{\varepsilon}_{ij}^* \, \mathrm{d}t) > 0 \quad (3\text{-}26)$$

即

$$\mathrm{d}\sigma_{ij}\dot{\varepsilon}_{ij}^* > 0 \quad (3\text{-}27)$$

所以有 $(\sigma_{ij}^* - \sigma_{ij}^0)\dot{\varepsilon}_{ij}^* \geq 0$，即式 (3-24) 的右边不小于零，进而可得到

$$m^0 \leq m^* \quad (3\text{-}28)$$

式(3-28)表明,极限荷载因子 m^* 是最大的静力荷载因子 m^0,故下限定理得证。

2. 上限定理的证明

上限定理可表述为:与运动许可速度场 $\dot{u}_i^p$ 对应的外荷载 F_i^p 和 T_i^p 不小于引起物体破坏的极限荷载 F_i^* 和 T_i^*,即为极限荷载的上限。上限定理认为,如果存在运动许可速度场,则自由塑流必将发生或早已发生。上限定理只考虑速度场和能量耗散,并不要求应力分布满足平衡条件。

证明:假设一个破坏机构及其运动许可速度场 $\dot{u}_i^p$,与其相应的应变率场和应力场分别为 $\dot{\varepsilon}_{ij}^p$ 和 σ_{ij}^p,物体承受的外荷载为 $F_i^p = m^p \tilde{F}_i$、$T_i^p = m^p \tilde{T}_i$。如果它们在速度场 $\dot{u}_i^p$ 上做功功率大于零,令破坏机构上的外力功率与内能耗散率相等,则

$$m^p \left(\int_V \tilde{F}_i \dot{u}_i^p \mathrm{d}V + \int_{A_\mathrm{T}+A_\mathrm{U}} \tilde{T}_i \dot{u}_i^p \mathrm{d}S \right) = \int_V \sigma_{ij}^p \dot{\varepsilon}_{ij}^p \mathrm{d}V + \int_\Gamma \tau_s [\dot{u}_t^{\,p}] \mathrm{d}\Gamma \qquad (3-29)$$

由上式确定的 m^p 称为运动荷载因子。

对极限状态应力场 σ_{ij}^*、极限荷载 $F_i^* = m^* \tilde{F}_i$ 与 $T_i^* = m^* \tilde{T}_i$,假设的运动许可速度场 $\dot{u}_i^p$ 和应变率场 $\dot{\varepsilon}_{ij}^p$,应用虚功率原理有

$$m^* \left(\int_V \tilde{F}_i \dot{u}_i^p \mathrm{d}V + \int_{A_\mathrm{T}+A_\mathrm{U}} \tilde{T}_i \dot{u}_i^p \mathrm{d}S \right) = \int_V \sigma_{ij}^* \dot{\varepsilon}_{ij}^p \mathrm{d}V + \int_\Gamma \tau^* [\dot{u}_t^{\,p}] \mathrm{d}\Gamma \qquad (3-30)$$

式(3-29)与式(3-30)左右两边对应相减可得

$$(m^p - m^*) \left(\int_V \tilde{F}_i \dot{u}_i^p \mathrm{d}V + \int_{A_\mathrm{T}+A_\mathrm{U}} \tilde{T}_i \dot{u}_i^p \mathrm{d}S \right) =$$

$$\int_V (\sigma_{ij}^p - \sigma_{ij}^*) \dot{\varepsilon}_{ij}^p \mathrm{d}V + \int_\Gamma (\tau_s \mp \tau^*) \mid [\dot{u}_t^{\,p}] \mid \mathrm{d}\Gamma \qquad (3-31)$$

根据运动许可速度场的定义,有 $\int_V F_i \dot{u}_i^p \mathrm{d}V + \int_{A_\mathrm{T}+A_\mathrm{U}} T_i \dot{u}_i^p \mathrm{d}S > 0$ 或 $\int_V \tilde{F}_i \dot{u}_i^p \mathrm{d}V + \int_{A_\mathrm{T}+A_\mathrm{U}} \tilde{T}_i \dot{u}_i^p \mathrm{d}S > 0$。

再根据德鲁克公设,有 $(\sigma_{ij}^p - \sigma_{ij}^*) \dot{\varepsilon}_{ij}^p \geq 0$,同样有 $\tau_s \mp \tau^* \geq 0$,所以有

$$m^p \geq m^* \qquad (3-32)$$

式(3-32)表明,极限荷载因子 m^* 是最小的运动荷载因子 m^p,故定理得证。

应用极限分析上限定理时,不考虑静力平衡方面的要求;而应用下限定理

进行极限荷载求解时,不考虑变形(运动)方面的要求。因为只需满足静力或者变形一方面的条件,所以上限定理和下限定理可以使问题的分析求解大为简化。利用下限定理所得的极限荷载要小于或者等于真实的极限荷载,利用上限定理所得的极限荷载要大于或者等于真实的极限荷载。如果利用上限定理和下限定理所得到的极限荷载相等,那么这个极限荷载就是真实的极限荷载。

3.4 极限分析上限定理求解步骤

3.4.1 极限分析上限定理求解基本步骤

应用极限分析上限定理求解岩土工程问题的基本步骤如下:

(1)根据数值模拟或者模型试验的结果,观察分析岩土结构达到极限状态时的速度场特征,并根据速度场特征构建破坏机构。常用的隧道开挖面运动许可速度场主要有旋转速度场和平移速度场两种。

(2)根据建立的速度场和公式(3-26),计算破坏机构上的外力做功功率和内能耗散率。在盾构隧道开挖面稳定性分析中,需要考虑的做功外力包括作用在开挖面上的支护压力(泥浆压力、渣土压力)、土体重力、地下水渗透力、地表荷载等。内能耗散率主要计算破坏机构内部及速度间断面上的部分,其计算与屈服准则的选择有关。

(3)令外力做功功率与内能耗散率相等,获得虚功率方程,并对方程进行推导简化,可以求得开挖面上支护压力的上限表达式。一般来说,推导得到的上限支护压力为假定破坏机构几何参数的函数。由于隧道开挖面支护压力做负功,阻止开挖面的破坏,因此当支护压力小于上限支护压力时,隧道开挖面一定被破坏。所以,要求解的是最大的上限支护压力,当施加的支护压力大于最大上限支护压力时,隧道开挖面才有可能维持稳定,不发生破坏。

(4)利用全局优化算法,以破坏机构几何参数为优化参数,以上限支护压力为优化目标,求解最大的上限支护压力,对应的几何参数确定的破坏机构为最优破坏机构。

3.4.2 c-φ 材料速度间断面上速度分布及能耗计算

应用极限分析上限定理，外力做功功率的大小与破坏机构和运动许可速度场有关，其计算是比较直接和简单的。相对而言，内能耗散率的计算涉及破坏机构内部的应力场 σ_{ij}^{p} 和应变率场 $\dot{\varepsilon}_{ij}^{p}$、速度间断面上的切向屈服极限 τ_{s} 和切向速度间断值 $[\dot{u}_{t}^{p}]$，其计算比较复杂，既与破坏机构和运动许可速度场有关，也与屈服准则有关。由于破坏机构内部的应力场 σ_{ij}^{p} 和应变率场 $\dot{\varepsilon}_{ij}^{p}$ 难以获得解析解，一般忽略破坏机构内部的能量耗散率计算，仅考虑速度间断面上的能量耗散率。下面介绍 c-φ 材料速度间断面上的速度分布和能量耗散计算。

莫尔-库仑屈服准则是实际工程中广泛使用的岩土体屈服准则，其表达式为

$$f = \tau - \sigma_{n}\tan\varphi - c = 0 \tag{3-33}$$

式中：c、φ 分别为岩土体的黏聚力和内摩擦角；σ_{n}、τ 分别为剪切面上的正应力和剪应力。

假设破坏机构中存在一个速度间断线(面) Γ，如图 3-5 所示，在间断线上作用有正应力 σ_{n} 和剪应力 τ，速度场在间断线上的速度不连续量为 $[\dot{u}^{*}]$，分解为法向速度分量 $[\dot{u}_{n}^{*}]$ 和切向速度分量 $[\dot{u}_{t}^{*}]$。

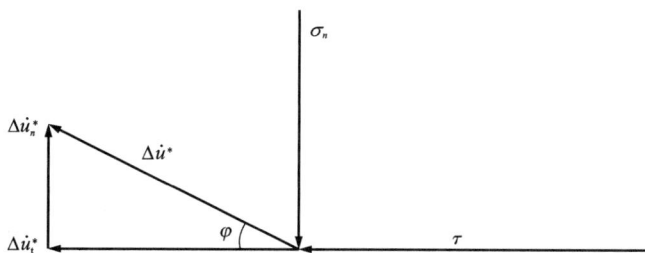

图 3-5 速度间断线

极限分析采用相关联流动发展的假设，在速度间断线上满足应变率与速度相容条件，由式(3-9)、式(3-16)和式(3-24)有

$$\frac{[\dot{u}_{n}^{*}]}{[\dot{u}_{t}^{*}]} = \frac{\dot{\varepsilon}^{p}}{\dot{\gamma}^{p}} = \frac{\partial f/\sigma_{n}}{\partial f/\tau} = -\tan\varphi \tag{3-34}$$

上式中，$\dot{\varepsilon}^{p}$ 和 $\dot{\gamma}^{p}$ 分别为塑性正应变率分量和塑性剪应变率分量，分别对

应正应力 σ_n 和剪应力 τ，二者之间的夹角即为法向速度分量 $[\dot{u}_n^*]$ 和切向速度分量 $[\dot{u}_t^*]$ 之间的夹角。可以得出如下结论：对于满足莫尔-库仑屈服准则和相关联流动法则的岩土体材料，发生破坏时的速度与破坏面（速度间断面）呈一个角度，该角度大小等于土的内摩擦角 φ。这一条件表明：应用极限分析上限定理构建破坏机构时，破坏面上的速度方向与破坏面切线方向的夹角等于岩土材料的内摩擦角。

根据式(3-20)等号的右边，单位宽度且长度为 $\mathrm{d}\Gamma$ 的速度间断线上耗散的塑性功率为[4-5]

$$\mathrm{d}D = (\tau[\dot{u}_t^*] + \sigma_n[\dot{u}_n^*])\mathrm{d}s = (\tau - \sigma_n\tan\varphi)[\dot{u}^*]\mathrm{d}\Gamma \tag{3-35}$$

在整个速度间断线 Γ 上进行积分可以得到总的能量耗散率，为

$$D = \int_\Gamma (\tau - \sigma_n\tan\varphi)[\dot{u}^*]\mathrm{d}\Gamma$$

$$= \int_\Gamma c[\dot{u}^*]\mathrm{d}\Gamma \tag{3-36}$$

为了获得能量耗散率的理论解析解，极限分析上限定理假定土体服从相关联流动法则，进而可以得到土体的剪胀角等于其内摩擦角的结论，这与试验现象不一致。试验表明，土体的剪胀角一般小于其内摩擦角。有关关联流动法则假定和土剪胀角对边坡和隧道极限分析上限解的影响的研究，可参考文献[84-86]。

3.5　本章小结

本章对极限分析的基本假设做了简要介绍，包括理想弹塑性假设、关联流动法则、德鲁克公设、凸形屈服面的内容，并结合虚功原理对极限分析上、下限定理的有效性进行了论证。本章内容是本书后续章节的理论基础。

第4章

基于空间离散技术的隧道开挖面三维旋转破坏机构及模型校核

4.1　引言

应用极限分析上限定理进行隧道开挖面三维稳定性分析时，关键在于构建运动容许的速度场，即破坏机构。在极限分析上限定理的框架下，Mollon 等[41]提出了一种空间离散技术，以构建砂土地层隧道开挖面三维旋转破坏机构。空间离散技术是一种先进的破坏机构构建方法，它在满足指定的边界条件和速度场的前提条件下，遵循正交流动法则在空间上"逐点"生成破坏机构，无须借助标准的几何图形。基于空间离散技术构建的三维旋转破坏机构具有如下优点[41-43]：①与试验观察到的极限状态下隧道开挖面土层的运动方式一致；②对砂土能给出更好的支护荷载上限解，比刚性多块体滑动破坏机构精度更高；③适用于任意形状的隧道横断面；④可以考虑土体的各向异性、非均匀性和空间变异性。本章主要介绍基于空间离散技术生成隧道开挖面三维旋转破坏机构及基于极限分析上限定理的能耗计算。

4.2　基于空间离散技术的隧道开挖面三维旋转破坏机构

4.2.1　基本几何构造

隧道开挖面三维旋转破坏机构的基本几何构造如图 4-1 所示，该机构像一个弯曲的牛角。隧道开挖面为圆形，A 点和 B 点分别为开挖面最高点和最低点，E 为中心。隧道埋深记为 C，隧道直径为 D。以 A 点为顶点，建立三维直角坐标系 A-XYZ，ZAX 平面与隧道纵向对称面重合。三维旋转破坏机构在隧道纵向对称面(ZAX 平面)内的投影如图 4-1 所示，其上下边界分别为 FA、FB 两条对数螺旋线，交点为 F。两条对数螺旋线的旋转中心记为 O 点，其数学方程如下：

$$r=r_A\exp\left[\left(\beta-\beta_A\right)\tan\varphi\right] \tag{4-1}$$

$$r=r_B\exp\left[\left(\beta_B-\beta\right)\tan\varphi\right] \tag{4-2}$$

式中：r_A、r_B 为 OA 及 OB 的长度；β_A、β_B 为 OA 及 OB 与铅垂线的夹角；φ 为岩土体的内摩擦角。

必须指出的是，对于非均质土层，比如内摩擦角在空间中发生变化，在这种情况下，FA 与 FB 不再是两条标准对数螺旋线。可以参考文献[34，43]给出的非圆形隧道开挖面三维旋转破坏机构的生成过程，文献[42]给出的非均质土中隧道开挖面三维旋转破坏机构的生成过程。

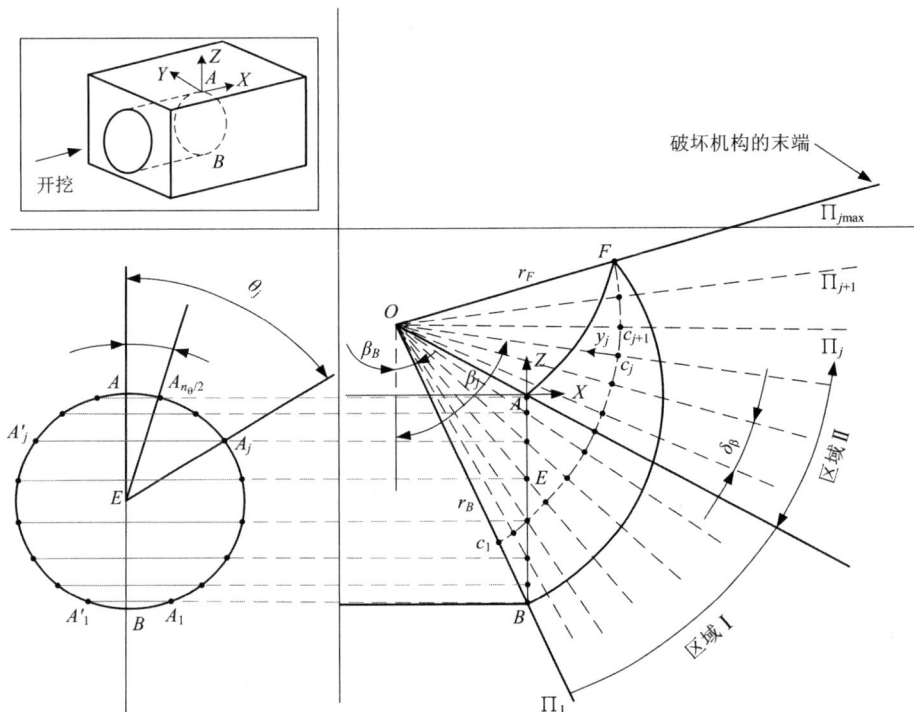

图 4-1 隧道开挖面三维旋转破坏机构示意图

O 点位于 ZAX 平面内，其坐标记为 $(X_0、0、Z_0)$ ，则由几何关系有

$$r_A = \sqrt{X_0^2 + Z_0^2} \tag{4-3}$$

$$r_B = \sqrt{X_0^2 + (Z_0 + D)^2} \tag{4-4}$$

$$\beta_A = \tan^{-1}\left(-\frac{X_0}{Z_0}\right) \tag{4-5}$$

$$\beta_B = \tan^{-1}\left(-\frac{X_0}{Z_0 + D}\right) \tag{4-6}$$

两对数螺旋线交点 F 到 O 点的长度 r_F 及 OF 与铅垂线的夹角 β_F 可以表示为

$$\beta_F = \frac{\pm\dfrac{\ln(r_B/r_A)}{\tan\varphi} + \beta_A + \beta_B}{2} \tag{4-7}$$

$$r_F = r_A \cdot \exp\left[\pm(\beta_A - \beta_F) \cdot \tan\varphi\right] = r_B \cdot \exp\left[\pm(\beta_F - \beta_B) \cdot \tan\varphi\right] \tag{4-8}$$

4.2.2　速度场

该牛角形三维破坏机构采用旋转速度场，整个破坏机构绕过 O 点的水平轴以恒定的角速度 ω 转动。破坏机构中任一点的速度大小等于该点到旋转中心 O 点的距离 r 乘以角速度 ω ，因此速度大小与该点 Y 坐标的取值无关。

破坏机构的形状和速度场的大小完全由 O 点的平面位置定义（即 Z_0 和 X_0），Z_0 和 X_0 进一步写成 r_E 与 β_E 的函数，即

$$Z_0 = D \cdot \left(\frac{r_E}{D} \cdot \cos\beta_E - \frac{1}{2}\right) \tag{4-9}$$

$$X_0 = D \cdot \left(-\frac{r_E}{D} \cdot \sin\beta_E\right) \tag{4-10}$$

式中：r_E 与 β_E 分别为 OE 的长度和 OE 与铅垂线的夹角。

因此，可以采用无量纲参数 r_E/D 与 β_E 来定义破坏机构的几何形状。

4.2.3　破坏机构的离散

以 OA 连线为界，将整个破坏机构分为两个部分，即区域Ⅰ和区域Ⅱ，如图 4-1 所示。在区域Ⅰ中，圆形隧道断面被离散成 n_θ 个点（第一个离散化参数），离散点 A_j 和 A_j' 关于隧道纵向平面对称且在同一个水平面上，O、A_j 和 A_j'

3 个点可以确定一个径向平面，记为 $\prod_j\left(1 \leqslant j \leqslant \dfrac{n_\theta}{2}\right)$。在区域 II 中，预先定义好一系列以过 O 点的水平轴为旋转中心的径向平面 $\prod_j\left(j \geqslant \dfrac{n_\theta}{2}\right)$，相邻两个径向平面 $\prod_j$ 与 $\prod_{j+1}$ 的夹角为定值，记为 δ_β（第二个离散化参数）。

4.2.4 离散机构的生成

由于隧道几何形状及边界条件的复杂性，难以通过简单组合几何体的形式来构建隧道开挖面的三维旋转破坏机构，需要使用空间离散技术，采用"点生点"的方法来计算其破坏机构速度不连续面上的"离散点"的坐标。

1. 边界条件

隧道开挖面上的离散点 A_j 为生成破坏机构的起始边界条件，点 A_j 的坐标记为 $(X_{A_j}、Y_{A_j}、Z_{A_j})$，其计算式为

$$X_{A_j} = 0 \tag{4-11}$$

$$Y_{A_j} = D/2 \cdot \sin \theta_j \tag{4-12}$$

$$Z_{A_j} = D/2 \cdot (\cos \theta_j - 1) \tag{4-13}$$

式中：θ_j 为半径 EA_j 与铅垂线 EA 间的夹角。

在区域 I 中，径向平面 $\prod_j$ 与 YAZ 竖直平面的夹角记为 β_j，其大小由 O 点与 A_j 点的坐标决定：

$$\beta_j = \arctan\left(\frac{-X_O}{Z_O - Z_{A_j}}\right) \tag{4-14}$$

在区域 II 中，预先定义相邻两个径向平面 $\prod_j$ 与 $\prod_{j+1}$ 的夹角为 δ_β，所以有

$$\beta_j = \beta_{j-1} + \delta_\beta \tag{4-15}$$

区域 II 中的最后一个径向平面由下面两个条件决定：①该径向平面通过点 F；②该径向平面上生成的点超出了地表。当两个条件有一个满足时，对应区域 II 中最后一个径向平面，记为 $\prod_{j\max}$。在径向平面 $\prod_j$ 上，建立局部坐标系 $x_j c_j y_j$，如图 4-1 所示，c_j 点为以 O 为圆心、OF 为半径的圆弧和径向平面 $\prod_j$ 的交点，$c_j y_j$ 轴指向 O 点，$c_j x_j$ 轴与 AY 轴平行。c_j 点在直角坐标系中的坐标为

$$c_j = \begin{cases} X_{c_j} = X_\mathrm{O} + r_\mathrm{F} \cdot \sin \beta_j \\ Y_{c_j} = 0 \\ Z_{c_j} = Z_\mathrm{O} - r_\mathrm{F} \cdot \cos \beta_j \end{cases} \tag{4-16}$$

在局部坐标系 $x_j c_j y_j$ 中，对区域 II 的平面 $\prod_j \left(1 \leqslant j \leqslant \dfrac{n_\theta}{2}\right)$，记 θ_j' 和 θ_j'' 分别表示两个向量 $\boldsymbol{A}_j \boldsymbol{c}_j$ 和 $\boldsymbol{A}_j' \boldsymbol{c}_j$ 与 $c_j y_j$ 轴的夹角，则角度 θ_j' 可由下式给出：

$$\theta_j' = \cos^{-1} \left(\frac{\boldsymbol{A}_j \boldsymbol{c}_j \cdot \boldsymbol{y}_j}{\| \boldsymbol{A}_j \boldsymbol{c}_j \|} \right) \tag{4-17}$$

式中

$$\boldsymbol{A}_j \boldsymbol{c}_j \cdot \boldsymbol{y}_j = (Z_{c_j} - Z_{A_j}) \cdot \cos \beta_j - (X_{c_j} - X_{A_j}) \cdot \sin \beta_j \tag{4-18}$$

$$\| \boldsymbol{A}_j \boldsymbol{C}_j \| = \sqrt{(X_{A_j} - X_{c_j})^2 + (Y_{A_j} - Y_{c_j})^2 + (Z_{A_j} - Z_{c_j})^2} \tag{4-19}$$

2. 生成下一个径向平面上的点

三维旋转破坏机构的速度间断面通过一系列点生成，例如 $P_{i,j}$ 和 $P_{i+1,j}$，每 3 个相邻的点 $P_{i,j}$、$P_{i+1,j}$、$P_{i,j+1}$ 可以确定一个三角形单元面 $F_{i,j}$，这些三角形单元面构成了破坏机构的边界，如图 4-2 所示。记第一个下标 i 表示该点处于所在平面的位置，第二个下标 j 表示该点所在平面的编号，即点 $P_{i+1,j}$、$P_{i,j}$ 位于平面 $\prod_j$ 上，点 $P_{i,j+1}$ 位于平面 $\prod_{j+1}$ 上。问题的关键在于如何利用上一个径向平面 $\prod_j$ 上的两点 $P_{i,j}$ 和 $P_{i+1,j}$，生成下一个径向平面 $\prod_{j+1}$ 上的点 $P_{i,j+1}$。

1）区域 II 中的"点生点"

区域 II 中破坏机构速度间断面的生成过程，从径向平面 $\prod_1$ 上的 A_1、A_1' 点开始。将 A_1 点与 A_1' 点重新定义为 $P_{1,1}$ 和 $P_{2,1}$，通过径向平面 $\prod_1$ 上的点 A_1 $(P_{1,1})$、$A_1'(P_{2,1})$ 计算确定平面 $\prod_2$ 上的点 $P_{i,2}$，再由 $\prod_2$ 上的点 $A_2(P_{i-1,2})$、$A_2'(P_{i+1,2})$、$P_{i,2}$ 计算确定径向平面 $\prod_3$ 上的点 $P_{i-1,3}$ 与点 $P_{i,3}$。利用点 $P_{i,j}$ 和点 $P_{i+1,j}$ 计算点 $P_{i,j+1}$ 坐标要满足下面的条件：

（1）三点 $P_{i+1,j}$、$P_{i,j}$、$P_{i,j+1}$ 所确定的平面 F_{ij} 为速度间断面一部分。根据塑性力学极限分析上限定理，在莫尔-库仑准则及正交流动法则的要求下，F_{ij} 的外法线方向与速度方向的夹角应该等于 $\pi/2 + \varphi$。这个条件是极限分析上限定理对运动许可速度场的要求。

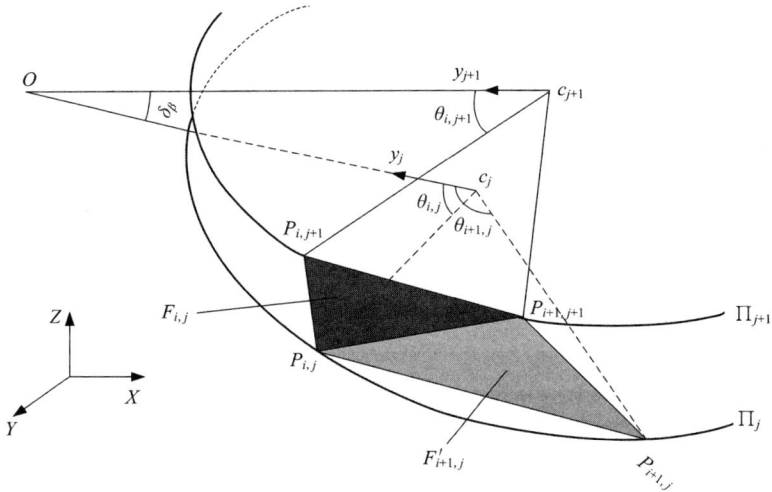

图 4-2　相邻三点及三角形单元示意图

（2）在局部坐标系 $x_{j+1}c_{j+1}y_{j+1}$ 中，令点 $P_{i,j+1}$ 的角度参数 $\theta_{i,j+1}$ 等于 $\theta_{i,j}$ 和 $\theta_{i+1,j}$ 的平均值，即 $\theta_{i,j+1}=(\theta_{i,j}+\theta_{i+1,j})/2$。这个条件可以保证速度间断面上生成的点比较均匀地分布，即点 $P_{i,j+1}$ 大致位于 $P_{i+1,j}$ 与 $P_{i,j}$ 的中点。径向平面 Π_1 上的角度参数 $\theta_{i,1}$ 和 $\theta_{i+1,1}$ 可由式（4-17）计算出。

按照上述过程，循环计算生成新的点，直到区域 II 结束。在每个平面 Π_{j+1} 内，可生成 n_j-1 个新点（n_j 是平面 Π_j 中点的个数的总和），再加上隧道开挖面上的两个点（A_{j+1} 与 A'_{j+1}），因此径向平面 Π_{j+1} 上点的总数等于 n_j+1。

2）区域 II 中的"点生点"过程

区域 II 最后一个径向平面 $\Pi_{n_\theta/2}$ 包含了 $n_\theta/2+1$ 个点，区域 II 中的任意一个径向平面上会生成 $n_\theta/2+1$ 个点。区域 II 中"点生点"的过程遵循区域 II 中的约束条件和生成方案，直到最后一个径向平面 Π_{jmax}。

利用点 $P_{i,j}$ 和 $P_{i+1,j}$ 的坐标计算确定点 $P_{i,j+1}$ 的数学公式，详述如下。

在三维直角坐标系 $A-XYZ$ 中，记 $P_{i,j}$、$P_{i+1,j}$ 及 $P_{i,j+1}$ 的坐标为 $P_{i,j}(X_{i,j},$ $Y_{i,j},Z_{i,j})$、$P_{i+1,j}(X_{i+1,j},Y_{i+1,j},Z_{i+1,j})$ 及 $P_{i,j+1}(X_{i,j+1},Y_{i,j+1},Z_{i,j+1})$，则向量 $\boldsymbol{P_{i,j}P_{i+1,j}}$ 坐标由下式给出：

$$\boldsymbol{P}_{i,j}\boldsymbol{P}_{i+1,j}=\begin{cases}a_x=X_{i+1,j}-X_{i,j}\\a_y=Y_{i+1,j}-Y_{i,j}\\a_z=Z_{i+1,j}-Z_{i,j}\end{cases}\qquad(4\text{-}20)$$

线段 $P_{i,j}P_{i+1,j}$ 中点 $P'_{i,j+1}$ 的坐标由下式给出：

$$P'_{i,j+1}=\begin{cases}X'_{i,j}=(X_{i+1,j}+X_{i,j})/2\\Y'_{i,j}=(Y_{i+1,j}+Y_{i,j})/2\\Z'_{i,j}=(Z_{i+1,j}+Z_{i,j})/2\end{cases}\qquad(4\text{-}21)$$

记三点 $P_{i+1,j}$、$P_{i,j}$、$P_{i,j+1}$ 确定的三角形单元 $F_{i,j}$ 的法向量为 $\boldsymbol{N}(X_n,\ Y_n,\ Z_n)$。平面 $\prod_j$ 上的单位速度矢量 $\boldsymbol{v}_j$ 为常数，其坐标如下：

$$\boldsymbol{v}_j=\begin{cases}X_{v_j}=\mp\cos\beta_j\\Y_{vj}=0\\Z_{v_j}=\mp\sin\beta_j\end{cases}\qquad(4\text{-}22)$$

法向量 $\boldsymbol{N}$ 应该满足下述 3 个条件：

①$\boldsymbol{N}$ 与 $\boldsymbol{v}_j$ 的夹角应为 $\pi/2+\varphi$；

②$\boldsymbol{N}$ 不但与面 $F_{i,j}$ 垂直，也与 $\boldsymbol{P}_{i,j}\boldsymbol{P}_{i+1,j}$ 垂直；

③$\boldsymbol{N}$ 是一个单位向量。

上述 3 个条件可写成以下数学公式：

$$\begin{cases}\boldsymbol{v}_j\cdot\boldsymbol{N}=\cos(\pi/2+\varphi)\\\boldsymbol{N}\cdot\boldsymbol{P}_{i,j}\boldsymbol{P}_{i+1,j}=0\\\|\boldsymbol{N}\|=1\end{cases}\qquad(4\text{-}23)$$

将向量 $\boldsymbol{v}_j$、$\boldsymbol{N}$ 及 $\boldsymbol{P}_{i,j}\boldsymbol{P}_{i+1,j}$ 的坐标代入式(4-23)，得

$$\begin{cases}X_n\cdot X_{v_j}+Y_n\cdot Y_{v_j}+Z_n\cdot Z_{v_j}=\cos(\pi/2+\varphi)\\X_na_x+Y_na_y+Z_na_z=0\\X_n^2+Y_n^2+Z_n^2=1\end{cases}\qquad(4\text{-}24)$$

通过求解上述方程组，可以得到法向量 $\boldsymbol{N}$ 的坐标如下：

$$\begin{cases}Z_n=\dfrac{-F\pm\sqrt{\Delta}}{2\cdot E}\\Y_n=A\cdot Z_n+B\\X_n=C\cdot Z_n+D\end{cases}\qquad(4\text{-}25)$$

其中，

$$A = -Z_{v_j}/Y_{v_j} \tag{4-26}$$

$$B = \frac{\cos(\pi/2+\varphi)}{Y_{v_j}} \tag{4-27}$$

$$C = \frac{-A \cdot a_y - a_z}{a_x} \tag{4-28}$$

$$D = \frac{-B \cdot a_y}{a_x} \tag{4-29}$$

$$E = A^2 + C^2 + 1 \tag{4-30}$$

$$F = 2 \cdot A \cdot B + 2 \cdot C \cdot D \tag{4-31}$$

$$G = B^2 + D^2 - 1 \tag{4-32}$$

$$\Delta = F^2 - 4 \cdot E \cdot G \tag{4-33}$$

由于法向量 N 指向破坏机构的外表面，公式（4-25）中 Z_n 正负号的判定规则为：$N \cdot (\boldsymbol{P}_{i,j}\boldsymbol{P}_{i+1,j} \cdot \boldsymbol{v}_j) > 0$。

为了进一步计算平面 $\prod_{j+1}$ 中点 $P_{i,j+1}$ 的位置，将向量 $\boldsymbol{c}_{j+1}\boldsymbol{P}_{i,j+1}$ 写成下式：

$$\boldsymbol{c}_{j+1}\boldsymbol{P}_{i,j+1} = r_{i,j+1} \cdot \boldsymbol{\delta}_{i,j+1} \tag{4-34}$$

式中：$r_{i,j+1}$ 为点 c_{j+1} 与点 $P_{i,j+1}$ 的距离。$\boldsymbol{\delta}_{i,j+1}$ 为单位向量，在 $A\text{-}XYZ$ 坐标系中的坐标如下：

$$\boldsymbol{\delta}_{i,j+1} = \begin{cases} \delta_x = \sin\theta_{i,j+1} \\ \delta_y = \cos\theta_{i,j+1} \cdot \cos\beta_{j+1} \\ \delta_z = \cos\theta_{i,j+1} \cdot \sin\beta_{j+1} \end{cases} \tag{4-35}$$

为获得点 $P_{i,j+1}$ 的坐标，考虑以下正交关系式：

$$\boldsymbol{P}'_{i,j}\boldsymbol{P}_{i,j+1} \cdot N = 0 \tag{4-36}$$

将向量 $\boldsymbol{P}'_{i,j}\boldsymbol{P}_{i,j+1}$ 写成如下形式：

$$\boldsymbol{P}'_{i,j}\boldsymbol{P}_{i,j+1} = \boldsymbol{P}'_{i,j}\boldsymbol{c}_{j+1} + \boldsymbol{c}_{j+1}\boldsymbol{P}_{i,j+1} = \boldsymbol{P}'_{i,j}\boldsymbol{c}_{j+1} + r_{i,j+1} \cdot \boldsymbol{\delta}_{i,j+1} \tag{4-37}$$

利用式（4-36）可解出 $r_{i,j+1}$ 的表达式：

$$r_{i,j+1} = \frac{X_n(X_{c_{j+1}} - X'_{i,j}) + Y_n(Y_{c_{j+1}} - Y'_{i,j}) + Z_n(Z_{c_{j+1}} - Z'_{i,j})}{X_n \cdot \delta_x + Y_n \cdot \delta_y + Z_n \cdot \delta_z} \tag{4-38}$$

最终，点 $P_{i,j+1}$ 的坐标如下：

$$P_{i,j+1}\begin{cases} X_{i,j+1}=X_{c_{j+1}}+r_{i,j+1}\cdot\delta_x \\ Y_{i,j+1}=Y_{c_{j+1}}+r_{i,j+1}\cdot\delta_y \\ Z_{i,j+1}=Z_{c_{j+1}}+r_{i,j+1}\cdot\delta_z \end{cases} \quad (4\text{-}39)$$

当破坏机构速度间断面的生成位于区域 I 中时，平面 $\prod_j$ 上的顶点个数逐个增加；当位于区域 II 中时，顶点个数不变。当平面 $\prod_j$ 到达点 F 附近时，破坏机构速度间断面的构建过程结束。值得注意的是，点 F 所在的位置为一个奇异点。理论上，在点 F 对应的最后一个径向平面上，按照上述方法生成的所有点应该收敛于点 F，但实际上，由于存在数值误差，很难收敛于点 F。

最后，如果生成的点在越过地面前到达 F 点的位置，或者生成的点在到达 F 点之前越过地面，则终止生成破坏机构。点 F 的位置非常关键，因为它不仅是终止条件，而且对于 c_j 坐标的确定也起着重要的作用，c_j 坐标是生成 $P_{i,j+1}$ 的关键中间参数。

通过以上介绍的生成过程可知，三维旋转破坏机构的边界可以由一系列点生成，如 $P_{i,j}$、$P_{i+1,j}$、$P_{i,j+1}$ 和 $P_{i+1,j+1}$。每 3 个相邻的点 $P_{i,j}$、$P_{i+1,j}$、$P_{i,j+1}$（或 $P_{i+1,j+1}$、$P_{i+1,j}$、$P_{i,j+1}$）可以确定一个三角形小单元面 $F_{i,j}$（或 $F'_{i,j}$），如图 4-2 所示。第一类三角形面 $F_{i,j}$ 满足相关联流动法则。而由 $P_{i,j+1}$、$P_{i+1,j+1}$ 和 $P_{i,j+1}$ 3 个点确定的第二类倒置的三角形面 $F'_{i,j}$ 并不能严格满足相关联流动法则。但如果离散化参数无限细化，当两个相邻的三角形面（即正三角形面的 $F_{i,j}$ 和倒三角形面的 $F'_{i,j}$）趋向于共面，上述问题将会消失。因此，两个离散化参数（即 n_θ 和 δ_β）会影响破坏机构的准确性，离散化参数越小，破坏机构越准确。

4.3 隧道开挖面极限状态外力功率和内能耗散计算

应用岩土塑性力学极限分析上限定理求解隧道开挖面的稳定性，需计算三维旋转破坏机构上的外力做功功率和内能耗散率。如图 4-3 所示，生成的三维旋转破坏机构由一系列小单元组成，三角形面 $P_{i,j}P_{i+1,j}P_{i,j+1}$ 构成破坏机构边界；点 $P'_{i,j}$、$P'_{i+1,j}$、$P'_{i,j+1}$ 是点 $P_{i,j}$、$P_{i+1,j}$、$P_{i,j+1}$ 在对称平面上的投影，能耗计算可以通过对每个微元（单元体积或单元面）进行简单求和得到。

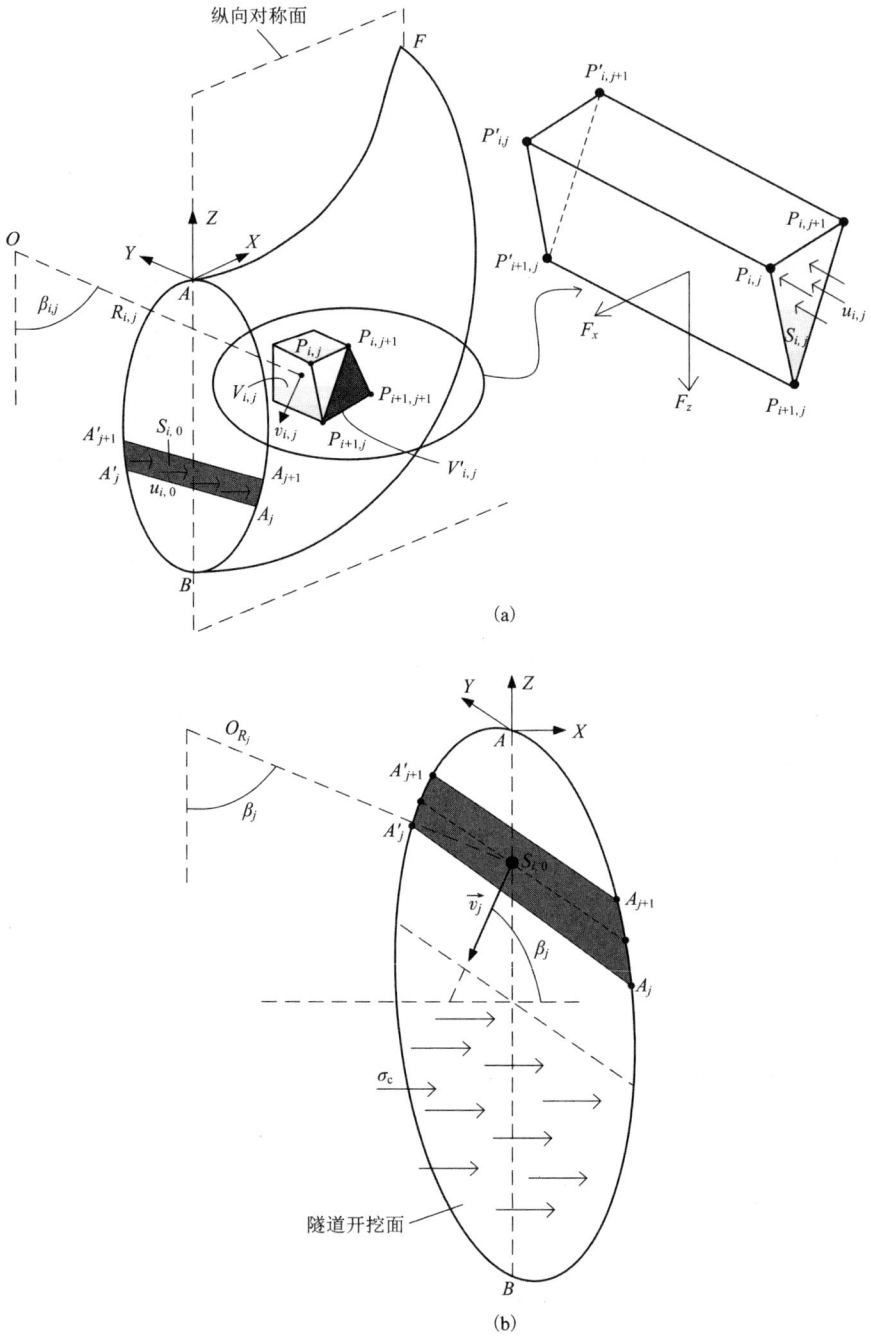

(a)

(b)

图 4-3 三维旋转机构能耗计算示意图

1. 地面荷载功率

如果生成的破坏机构超过地面(即点 F 位于地面以上),它会被地表面截断。假设地面荷载记为 σ_s,则地面荷载 σ_s 的外力功率为

$$\dot{W}_S = \iint_S \boldsymbol{\sigma}_s \cdot \boldsymbol{v} \cdot \mathrm{d}S = \omega \sigma_s \sum_i (S_i R_i \sin \beta_i) \tag{4-40}$$

式中:R_i 和 β_i 为破坏机构与地表面相交得到的截面的微元的极坐标;S_i 为与地面相交的微元面积。如果生成的破坏机构与地表面不相交,则这一项为 0。

2. 隧道开挖面支护力做功功率

在三维旋转破坏机构中,隧道开挖面支护压力做负功,用 σ_c 表示隧道开挖面支护压力,其外力功率可以表示为

$$\dot{W}_T = \iint_S \boldsymbol{\sigma}_c \cdot \boldsymbol{v} \cdot \mathrm{d}S = - \omega \sigma_c \sum_i (S_{i,0} R_{i,0} \cos \beta_{i,0}) \tag{4-41}$$

式中:$R_{i,0}$ 和 $\beta_{i,0}$ 为隧道开挖面上离散点的极坐标;$S_{i,0}$ 为离散单元的面积[图 4-3(b)]。

3. 内能耗散

假设破坏机构做刚体转动,内能耗散只发生在速度间断面上,总的内能耗散率为所有三角形单元面上的内能耗散率之和。因此,三维破坏机构的内能耗散率为

$$\dot{W}_D = \iint_S c \cdot v \cdot \cos \varphi \cdot \mathrm{d}S = \omega c \cos \varphi \sum_i \sum_j (R_{i,j} S_{i,j} + R'_{i,j} S'_{i,j}) \tag{4-42}$$

式中:$S_{i,j}$ 和 $S'_{i,j}$ 分别为三角形小平面 $F_{i,j}$ 和 $F'_{i,j}$ 的面积;c 和 φ 分别为三角形单元面上的黏聚力和内摩擦角。

根据极限分析上限定理,令外功率与内能耗散率相等,可得到隧道开挖面临界支护力 σ_c 的上限估计,为

$$\sigma_c = \gamma D N_\gamma + \sigma_s N_s - c N_c \tag{4-43}$$

式中:N_γ、N_s、N_c 为无量纲系数,分别代表重力、地表附加力、黏聚力。它们的表达式如下:

$$N_\gamma = \frac{\sum_i \sum_j (R_{i,j} V_{i,j} \sin \beta_{i,j})}{D \sum_i (S_{i,0} R_{i,0} \cos \beta_{i,0})} \tag{4-44}$$

$$N_s = \frac{\sum_i (S_i R_i \sin\beta_i)}{\sum_i (S_{i,0} R_{i,0} \cos\beta_{i,0})} \tag{4-45}$$

$$N_c = \frac{\cos\varphi \sum_i \sum_j (R_{i,j} S_{i,j} + R'_{i,j} S'_{i,j})}{\sum_i (S_{i,0} R_{i,0} \cos\beta_{i,0})} \tag{4-46}$$

在式(4-44)中，γ 为土的重度。式(4-43)计算的临界支护力 σ_c 是两个变量 r_E/D 和 θ_E 的函数。隧道开挖面支护压力起到维持稳定的作用，求式(4-43)中 σ_c 的最大值，即为抵抗隧道开挖面主动破坏的临界支护压力。

在后续章节中，将会涉及渗透力对隧道开挖面稳定性的影响，本节的功率计算中并未涉及渗透力的做功功率，而所涉及的其他外力做功功率公式及内能耗散率公式也可以在后续章节中使用。

4.4　基于贝叶斯定理的模型误差校核与验证

如前所述，为评价盾构隧道开挖面的稳定性，学者们在极限平衡法和极限分析上限定理的框架下，提出了不同的理论模型。这些理论模型是基于不同假设建立的，所以这些理论模型会存在一定的模型误差。因此，有必要将不同理论框架下的理论模型的预测值和试验测试结果进行对比，进而对模型误差进行评估和校核。本节基于离心机试验数据，利用贝叶斯方法，对极限分析上限定理框架下的 Mollon 三维旋转破坏机构模型[41]、Soubra 多块体组合模型[87]，极限平衡理论框架下的 Horn 楔形体-棱柱体模型[28]的模型误差进行研究和分析。

4.4.1　离心机试验数据

Chambon 和 Corte[17]开展了大量的离心机试验，以研究无黏性土中的隧道开挖面稳定性。本节采用其离心机试验结果来校核极限平衡的楔形体-棱柱体模型和极限分析的三维旋转模型的模型不确定性。在他们[17]的试验中，隧道由直径 100 mm 的刚性金属管模拟，在离心机中将模型加速到 $50g$ 和 $100g$（g 为重力加速度），分别模拟直径（D）为 5 m 和 10 m 的原型隧道。隧道埋深比（C/D）从 0.5 变化到 4.0，试验中采用 Fontainebleau 砂模拟地层，其容重（γ）从

15.3 kN/m³ 变化到 16.1 kN/m³。试验确定隧道开挖面极限支护力的方法是：在试验中逐渐减小施加在隧道开挖面上的压力，并测量开挖面的水平位移，当隧道开挖面水平位移突然急剧增大时，对应的支护压力 p_f 即为隧道开挖面极限支护压力。表 4-1 列出了他们的 12 次试验测试结果。

表 4-1　离心测试数据汇总

D/m	C/D	$\gamma/(kN \cdot m^{-3})$	p_f	$\mu_{G(x)}/kPa$	$\sigma_{G(x)}/kPa$
5.0	0.5	16.1	3.6	3.137	1.613
5.0	0.5	15.3	4.2	2.873	1.613
5.0	0.5	16.1	3.3	3.189	1.627
5.0	1.0	16.1	3.5	3.131	1.606
5.0	1.0	15.3	5.5	2.892	1.614
5.0	1.0	16.1	3.0	3.166	1.626
5.0	1.0	16.1	3.3	3.160	1.631
5.0	2.0	15.3	4.2	2.832	1.606
5.0	2.0	16.1	3.0	3.166	1.610
10.0	1.0	16.0	7.4	8.976	1.733
10.0	2.0	16.0	8.0	8.992	1.748
10.0	4.0	16.0	8.2	8.995	1.713

注：$\mu_{G(x)}$ 和 $\sigma_{G(x)}$ 的值是根据三维旋转破坏机构计算的。表格数据摘自文献[17]。

4.4.2　模型不确定性校核

隧道开挖面极限支护力的理论预测模型记为 $p=g(\boldsymbol{\theta}, \boldsymbol{\xi})$，其中 $\boldsymbol{\theta}$ 表示含有不确定性的未知参数向量（黏聚力 c、摩擦角 φ 等），$\boldsymbol{\xi}$ 表示确定的参数向量（如隧道埋深 C、直径 D、土体重度 γ）。隧道开挖面极限支护力的模型预测值 p 和真实的极限支护力 r 之间存在偏差，记为 ε，为需要标定的模型误差。离心机试验测得的开挖面极限支护力记为 m，则有

$$m=g(\boldsymbol{\theta}, \boldsymbol{\xi})+\Delta+\varepsilon \qquad (4-47)$$

式中：Δ 为离心机试验的测试误差。

为了分析模型误差 ε，将理论模型预测值和试验测试误差之和记为 $G(x) = g(\boldsymbol{\theta}, \boldsymbol{\xi}) + \Delta$，$x = (\boldsymbol{\theta}, \Delta)$，则上式可以写成

$$m = G(x) + \varepsilon \tag{4-48}$$

假设模型误差 ε 服从正态分布，其均值为 μ_ε，标准差为 σ_ε，则有

$$f(\varepsilon \mid \mu_\varepsilon, \sigma_\varepsilon) = \frac{1}{\sqrt{2\pi}\,\sigma_\varepsilon} \exp\left[-\frac{(\varepsilon - \mu_\varepsilon)^2}{2\sigma_\varepsilon^2}\right] \tag{4-49}$$

那么试验测得的开挖面极限支护力 d 也服从正态分布，其均值为 $G(x) + \mu_\varepsilon$，标准差为 σ_ε，则

$$f(d \mid \mu_\varepsilon, \sigma_\varepsilon, x) = \frac{1}{\sqrt{2\pi}\,\sigma_\varepsilon} \exp\left[-\frac{(m - G(x) - \mu_\varepsilon)^2}{2\sigma_\varepsilon^2}\right] \tag{4-50}$$

记 m_i 表示第 i 次离心机试验测试得到的开挖面极限支护力，θ_i 和 Δ_i 表示第 i 次离心机试验中的未知参数向量和试验测试误差，$i = 1, \cdots, N$，N 为表 4-1 中总结的试验次数（$N = 12$）。假设 12 次试验测试过程是相互独立的，则对 12 次试验测试结果可以写出以下似然函数：

$$L(d \mid \mu_\varepsilon, \sigma_\varepsilon, x) = \prod_{i=1}^{N} f(m_i \mid \mu_\varepsilon, \sigma_\varepsilon, x_i) \tag{4-51}$$

记 $(\mu_\varepsilon, \sigma_\varepsilon)$ 和 x 的先验分布分别为 $f(\mu_\varepsilon, \sigma_\varepsilon)$ 和 $f(x)$，根据贝叶斯定理，可以得到 $(\mu_\varepsilon, \sigma_\varepsilon)$ 和 x 的后验分布为[88-89]

$$\begin{aligned}
f(\mu_\varepsilon, \sigma_\varepsilon, x \mid m) = &\, kf(\mu_\varepsilon, \sigma_\varepsilon) \times \\
&\prod_{i=1}^{N} \frac{1}{\sqrt{2\pi}\,\sigma_\varepsilon} \exp\left[-\frac{(m_i - G(x_i) - \mu_\varepsilon)^2}{2\sigma_\varepsilon^2}\right] f(x_i)
\end{aligned} \tag{4-52}$$

上式中 k 为归一化参数，x 可以通过积分去掉。则 $(\mu_\varepsilon, \sigma_\varepsilon)$ 的后验分布可以近似表示为[90]

$$\begin{aligned}
f(\mu_\varepsilon, \sigma_\varepsilon \mid m) &= kf(\mu_\varepsilon, \sigma_\varepsilon) \prod_{i=1}^{N} \int f(d_i \mid \mu_\varepsilon, \sigma_\varepsilon, x_i) f(x_i) \mathrm{d}x_i \\
&= kf(\mu_\varepsilon, \sigma_\varepsilon) \prod_{i=1}^{N} \int \frac{1}{\sqrt{2\pi}\,\sigma_\varepsilon} \exp\left[-\frac{(m_i - G(x_i) - \mu_\varepsilon)^2}{2\sigma_\varepsilon^2}\right] f(x_i) \mathrm{d}x_i \\
&\approx kf(\mu_\varepsilon, \sigma_\varepsilon) \times \prod_{i=1}^{N} \frac{1}{\sqrt{2\pi}\,(\sigma_\varepsilon^2 + \sigma_{G(x_i)}^2)} \exp\left[-\frac{(m_i - \mu_{G(x_i)} - \mu_\varepsilon)^2}{2(\sigma_\varepsilon^2 + \sigma_{G(x_i)}^2)}\right]
\end{aligned}$$

$$\tag{4-53}$$

上式中, $\mu_{G(x_i)}$ 和 $\sigma_{G(x_i)}$ 表示 x 服从先验分布下的 $G(x)$ 的均值和标准差。$\mu_{G(x_i)}$ 和 $\sigma_{G(x_i)}$ 的结果可以通过蒙特卡罗模拟计算获得, 然后利用马尔可夫链蒙特卡罗抽样获得后验分布 $f(\mu_\varepsilon, \sigma_\varepsilon | d)$ 的样本点[89]。

4.4.3　结果分析和讨论

根据文献[17], 试验测得的 Fontainebleau 砂的黏聚力 c 从 0 变化到 5.0 kPa, 摩擦角 φ 从 38° 变化到 42°, 土重度可以准确测定, 如表 4-1 所示。因此, 黏聚力 c 和摩擦角 φ 假设为均匀分布的随机变量, 即 $\boldsymbol{\theta} = \{c, \varphi\}$。离心机试验的测试误差 Δ 假设为 0。当 $g(\boldsymbol{\theta}, \boldsymbol{\xi})$ 采用 4.2 节介绍的三维旋转破坏机构模型时, 通过蒙特卡罗模拟计算得到的 $\mu_{G(x_i)}$ 和 $\sigma_{G(x_i)}$ 的结果见表 4-1 的最后两列。

假设 μ_ε 的先验分布 $f(\mu_\varepsilon)$ 服从正态分布, σ_ε 的先验分布 $f(\sigma_\varepsilon)$ 服从对数正态分布, 利用表 4-1 给出的试验测试数据, 可以计算出模型误差 ε 的均值 μ_ε 和标准差 σ_ε 的后验分布的均值和标准差, 及模型误差 ε 本身的后验分布的均值和标准差。表 4-2 对比了 Mollon 的三维旋转破坏机构模型、Soubra 的多块体组合模型和 Horn 的楔形体-棱柱体模型 3 个模型的模型误差的后验分布计算结果。

表 4-2　模型误差 ε 的先验分布与后验分布结果

参数		μ_ε		σ_ε		ε	
		$E(\mu_\varepsilon)$	$Std(\mu_\varepsilon)$	$E(\sigma_\varepsilon)$	$Std(\sigma_\varepsilon)$	$E(\varepsilon)$	$Std(\varepsilon)$
先验分布		0	0.5	0.5	1.0	0	1.225
后验分布	三维旋转破坏机构模型	0.179	0.346	0.242	0.262	0.179	0.482
	多块体组合模型	0.899	0.349	0.259	0.255	0.899	0.490
	楔形体-棱柱体模型	-0.328	0.502	5618	1.659	-0.328	7.063

注: E 表示均值, Std 表示标准差。

由表 4-2 可知, Mollon 的三维旋转破坏机构模型和 Soubra 的多块体组合模型的模型误差 ε 的后验分布均值 $E(\varepsilon)$ 为正, 表明这两个模型预测的开挖面极限支护压力偏向于保守。这是因为这两个模型给出的是隧道开挖面支护压力上限解, 由于隧道开挖面支护压力做负功, 所以该上限解小于真实解。Horn 的楔形体-棱柱体模型的模型误差 ε 的后验分布均值 $E(\varepsilon)$ 为负数,表明该模型预测的开挖面极限支护压力比真实值大,结果偏安全。3 个模型中,Mollon 的三维旋转破坏机构模型的模型误差 ε 的后验分布均值 $E(\varepsilon)$ 和标准差 $Std(\varepsilon)$ 的绝对值最小,表明 Mollon 三维旋转破坏机构模型的结果是最稳健的;Horn 楔形体-棱柱体模型的模型误差 ε 的后验分布标准差 $Std(\varepsilon)$ 最大,约为 Mollon 的三维旋转破坏机构模型的 14 倍,表明其预测结果的变异性最大。

4.5　本章小结

本章主要介绍了在极限分析上限定理的理论框架下,基于空间离散技术的隧道开挖面三维旋转破坏机构的生成过程、能耗计算及隧道开挖面极限支护力上限解;并利用离心机试验测得的隧道开挖面极限支护力,对 3 个经典的隧道开挖面稳定性评估模型进行了模型不确定性分析及校核。本章的内容为下一章分析渗流作用下的隧道开挖面稳定性奠定基础。

第 5 章
渗流作用下盾构隧道开挖面稳定性上限分析

5.1 引言

在实际工程中，隧道常建在地下水位以下，如海底隧道和跨河隧道，因此有必要研究孔隙水压力或者地下水渗流过程对盾构隧道开挖面稳定性的影响。根据隧道开挖面前方地下水的渗流方向，可以将其分成两类问题：第 1 类问题是盾构密封舱内水头高度小于地层静水头，地下水流向盾构土舱，不利于隧道开挖面的稳定，该问题出现在土压平衡盾构欠压掘进施工过程中[45, 91]；第 2 类问题是盾构密封舱内水头高度大于地层静水头，水从盾构密封舱往隧道开挖面前方地层渗流，在前方地层产生了高于静水压力的超孔隙水压力，该问题主要出现在泥水盾构隧道施工中[29, 53, 55]。

本章将讨论第 1 类问题，第 2 类问题将在第 6 和第 7 章中进行研究。本章所考虑问题的示意图如图 5-1 所示，在地下水位以下开挖直径为 D 的圆形隧道，C 为隧道埋深，h_0 为在隧道底部处测得的地下水位高度，h_F 为隧道开挖面内的测压管水头，H_w 为在隧道顶部测得的地下水头高度。如果 $h_F < h_0$，则隧道开挖面前方地下水会渗流进入开挖面，同时对地层土体颗粒产生渗透力。这一过程会导致两个严重问题：地表沉降和开挖面失稳破坏。此处研究隧道开挖面的整体失稳破坏问题。

基于岩土塑性力学极限分析运动学方法和隧道开挖面三维旋转破坏机构，本章介绍渗流作用下隧道开挖面能耗平衡方程，着重分析渗透力和孔隙水压力的外力功率计算，最后对模型的计算结果进行分析讨论。

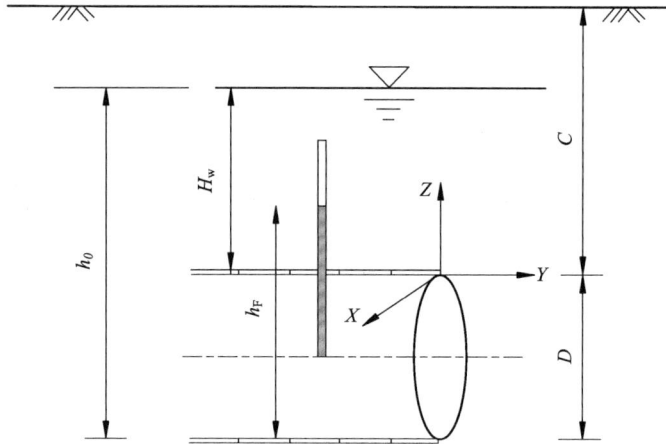

图 5-1　水下隧道纵断面示意图

5.2　隧道开挖面地下水做功功率

5.2.1　以渗透力做功的形式计算

在地下水位以下掘进隧道时，应考虑渗透力和浮力这两种地下水引起的外力的影响。渗透力是一个体力，所以其做功功率可以通过对整个三维旋转破坏机构进行积分计算得到：

$$W_e = \gamma_w \iiint\limits_V \left(\frac{\partial h}{\partial x} v_x + \frac{\partial h}{\partial y} v_y + \frac{\partial h}{\partial z} v_z \right) \mathrm{d}V \tag{5-1}$$

式中：h 为水头高度；$\frac{\partial h}{\partial x}$、$\frac{\partial h}{\partial y}$ 和 $\frac{\partial h}{\partial z}$ 为水力梯度的分量；v_x、v_y 和 v_z 为速度分量。在旋转速度场中 $v_y = 0$，因此计算只涉及 x 和 z 两个方向。

考虑三维旋转破坏机构组成的单元体 $P_{i,j} P_{i+1,j} P_{i,j+1} - P'_{i,j} P'_{i+1,j} P'_{i,j+1}$（见图 4-3），则渗透力的功率可表示为

$$W_e = \omega \sum_i \sum_j \left[R_{i,j} (F_x \sin\beta_{i,j} + F_z \cos\beta_{i,j}) \right] \tag{5-2}$$

式中：F_x 和 F_z 为作用于该单元的渗透力分量。

$$F_x = -\gamma_w \int_V \frac{\partial h}{\partial x} \mathrm{d}V \tag{5-3}$$

$$F_z = -\gamma_w \int_V \frac{\partial h}{\partial z} \mathrm{d}V \tag{5-4}$$

将散度定理应用于单元体 $P_{i,j}P_{i+1,j}P_{i,j+1}-P'_{i,j}P'_{i+1,j}P'_{i,j+1}$ 的体积积分，则渗透力 F_x 和 F_z 可进一步表示为

$$F_x = -\gamma_w \int_S h n_y \mathrm{d}s = \gamma_w \sum_k \overline{h}_k n_{x,k} s_k \tag{5-5}$$

$$F_z = -\gamma_w \int_S h n_z \mathrm{d}s = \gamma_w \sum_k \overline{h}_k n_{z,k} s_k \tag{5-6}$$

式中：求和指数 k 为单元体 $P_{i,j}P_{i+1,j}P_{i,j+1}-P'_{i,j}P'_{i+1,j}P'_{i,j+1}$ 的 5 个边界面；$n_{x,k}$ 和 $n_{z,k}$ 为各面单位法向量的方向余弦；s_k 为每个面的面积；$\overline{h}_k$ 为每个面的平均水头，计算中取为几个顶点的平均值。

5.2.2　以孔隙水压力做功的形式计算

5.2.1 节中计算地下水渗流引起的作用在土骨架上的渗透力做功的功率，其物理概念明确，如果用该方法计算渗透力做功，则计算重力做功应该采用土的浮重度。这里介绍第 2 种方法，考虑地下水做功功率。对于水下岩土结构，渗透力和浮力的功率之和为孔隙水压力做功的功率，由此可得到隧道在地下水位以下开挖的孔隙水压力做功功率：

$$\dot{W}_u = -\iiint_V u \cdot \dot{\varepsilon}_{ii} \cdot \mathrm{d}V - \iint_S u \cdot n_i \cdot v_i \mathrm{d}S \tag{5-7}$$

式中：u 为孔隙水压力；$\dot{\varepsilon}_{ii}$ 为土骨架的体积应变增量；V 为破坏机构的体积；S 为破坏机构的外边界面；n_i 为垂直于边界 S 的外法线单位矢量，v_i 为运动许可速度场中的速度矢量。由于假设为刚体转动，破坏机构中不存在体积应变，公式(5-7)右边第 1 项为 0，因此孔隙水压力功率可简化为

$$\begin{aligned}
\dot{W}_u &= -\iint_S u \cdot n_i \cdot v_i \mathrm{d}S \\
&= \omega \sum_i u_{i,0} S_{i,0} R_{i,0} \cos\beta_{i,0} + \omega\sin\varphi \sum_{i,j}(u_{i,j}R_{i,j}S_{i,j} + u'_{i,j}R'_{i,j}S'_{i,j}) + \\
&\quad \omega \sum_i u_i S_i R_i \sin\beta_i
\end{aligned} \tag{5-8}$$

式中：$u_{i,0}$ 为隧道开挖面上离散单元 $S_{i,0}$ 的平均孔隙水压力［图 4-3（a）］，由隧道开挖面上的水力边界条件确定；$u_{i,j}$ 和 $u'_{i,j}$ 分别为三角形小单元面 $F_{i,j}$ 和 $F'_{i,j}$ 的平均孔隙水压力；$S_{i,j}$ 和 $S'_{i,j}$ 分别为 $F_{i,j}$ 和 $F'_{i,j}$ 的面积；u_i 为破坏机构与地表面（当 $H_w/D \geqslant C/D$ 时）或者地下水面（当 $H_w/D < C/D$ 时）相交而成的截面上的单元面 S_i 的平均孔隙水压力。

根据极限分析上限定理，令外功率与内能耗散率相等，可得到渗流作用下隧道开挖面临界支护力 σ_c 的上限估计为

$$\sigma_c = \gamma D N_\gamma + \sigma_s N_s - c N_c + \gamma_w H_w N_w \tag{5-9}$$

式中：N_γ、N_s、N_c 和 N_w 为无量纲系数，分别代表重力、地表附加力、黏聚力和渗透力的影响系数。N_s 与 N_c 表达式见式（4-45）与式（4-46），N_γ 与 N_w 的表达式如下：

$$N_\gamma = \frac{\sum_i \sum_j \gamma_{sat}(R_{i,j}V_{i,j}\sin\beta_{i,j} + R'_{i,j}V'_{i,j}\sin\beta'_{i,j})}{D\gamma \sum_i (S_{i,0}R_{i,0}\cos\beta_{i,0})} \tag{5-10}$$

$$N_w = \frac{\sum_i \sum_j [R_{i,j}(\sin\beta_{i,j}\sum_k \bar{h}_k n_{y,k}s_k + \cos\beta_{i,j}\sum_k \bar{h}_k n_{z,k}s_k)]}{H_w \sum_i (S_{i,0}R_{i,0}\cos\beta_{i,0})} \tag{5-11}$$

在式（5-10）中，γ_{sat} 为土的饱和重度（当采用第 1 种方法时，应采用浮重度）。计算结果表明，5.2.1 节与 5.2.2 节两种方法计算得到的隧道开挖面临界支护压力结果相近。

5.2.3 孔隙水压力的数值计算

本节利用有限差分数值软件研究稳态渗流作用下隧道开挖面前方地层的孔隙水压力分布特征。文献［92］指出，一般在掘进速度小于 500 米/月、土体渗透率大于 10^{-6} m/s 时，常用的稳态渗流分析方法对于隧道开挖面稳定性设计具有足够的准确性。

在数值模拟中，隧道衬砌设置为不透水，地下水只能通过隧道开挖面发生渗流，假定地下水位高度保持不变，渗流过程为稳态渗流，隧道开挖面处的孔隙水压力设定为零。当 $D=10$ m，$C/D=2$ 和 $H_w/D=2$ 时，通过数值计算得到的隧道开挖面前方地层的孔隙压力分布如图 5-2 所示。隧道开挖面前方竖直纵向对称面上孔隙水压力分布如图 5-2（a）所示，竖直纵向对称面上孔隙水压力

从开挖面向前方地层急剧变化，在隧道开挖面正上方 5 m 处（0.5 倍隧道直径）增大到 115 kPa 左右，在开挖面正上方 10 m 处（1 倍隧道直径）减小到 100 kPa 左右，恢复到静水压力状态。如图 5-2(b)所示为隧道中心所在的水平面上的孔隙水压力分布，可以看到隧道开挖面前方的孔隙水压力迅速增大，在正前方 5 m 处增大到 160 kPa，恢复到静水压力状态。

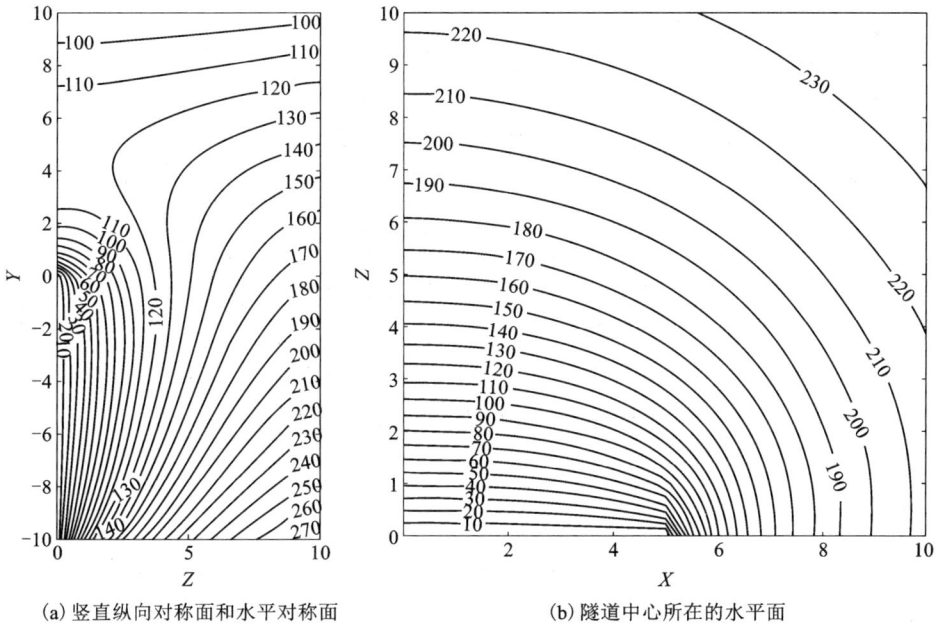

(a) 竖直纵向对称面和水平对称面　　　　(b) 隧道中心所在的水平面

图 5-2　开挖面前方地层孔隙水压力分布

图 5-3 给出了上述两个平面中测压管水头分布的等值线，可以看到，隧道开挖面前方地层一定范围内的水头分布等值线密度增大，表明水力梯度变化迅速，在土骨架上产生了较大的渗流作用，进而影响隧道开挖面的稳定。

为了得到三维旋转破坏机构上的水头分布，首先利用 FISH 语言提取数值模拟计算得到的孔隙水压力分布，然后将得到的孔隙水压力分布导入三维旋转破坏机构，进而计算点 $P_{i,j}$ 处的孔隙水压力 $u_{i,j}$。地下水渗流作用下隧道开挖面稳定性分析的过程分为三步：

（1）利用数值模拟软件进行数值分析，得到给定几何参数（如直径 D、埋深洞径比 C/D）、水力边界条件（如开挖面孔隙水压力、地下水位高度）下的孔隙

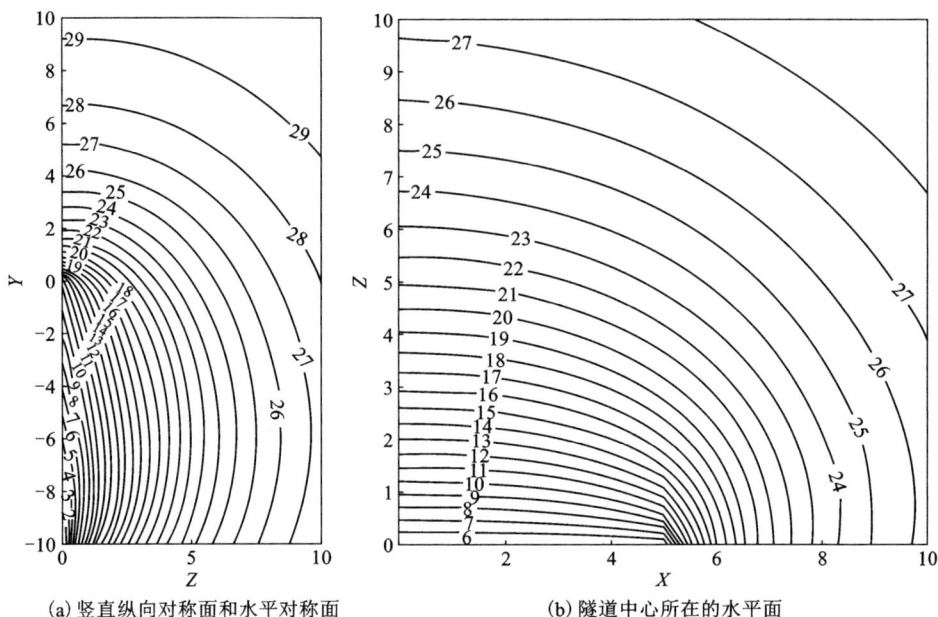

(a)竖直纵向对称面和水平对称面   (b)隧道中心所在的水平面

图 5-3   开挖面前方地层测压管水头分布

水压力分布。

（2）编写 FISH 程序提取孔隙水压力分布，并插值计算破坏机构上点 $P_{i,j}$ 处的孔隙水压力 $u_{i,j}$。

（3）根据所得到的孔隙水压力分布，利用式(5-8)计算外力功率，最后计算隧道开挖面临界支护压力上限值。

5.3   结果与讨论

5.3.1   对比验证

为了验证所提出方法的正确性，将本章所得数值解与 Perazzelli[93]、Lee 等[45]的数值解进行比较。计算参数取为：$\varphi = 30°$、$c = 1.0$ kPa、$\gamma_w / \gamma_{sat} = 0.5$、

$\gamma_{d} = 15.7 \ \text{kN/m}^{3}$、$D = 5.0 \ \text{m}$、$C/D = 1.0$、$\sigma_{s} = 0 \ \text{kPa}$。

图 5-4 给出了归一化的隧道开挖面临界支护压力 $\sigma_{c}/(\gamma_{\text{sat}}D)$ 的结果。与 Lee 等[45] 的极限分析上限法的结果相比，本书方法的计算结果和 Perazzelli 等[93] 的极限平衡条分法的结果接近且略大；与 Lee 等[45] 的极限分析上限法的结果相比，本书方法计算的隧道开挖面临界支护压力更大。须指出的是，由于隧道开挖面支护压力是抵抗隧道破坏的，因此计算出的开挖面主动破坏临界支护压力上限解小于实际值，所以计算出的支护压力上限解越大，则说明越接近真实解。当 $H_{w}/D = 3.0$ 时，本书方法计算出的隧道开挖面支护压力上限解比 Perazzelli 等的极限平衡条分法[93] 和 Lee 等的极限分析上限法[45] 的结果分别高出 4.4% 和 18.8%，这意味着本书提出的方法更为精确，能有效地评估地下水位以下隧道施工时开挖面的稳定性。

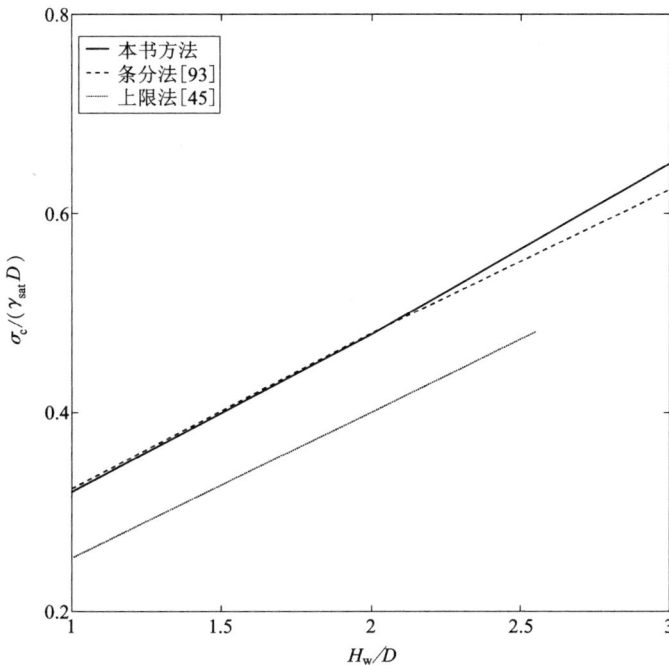

图 5-4　计算的开挖面支护压力

5.3.2　地下水位高度的影响

下面对所提出的方法进行参数分析，取 H_w/D 从 1.0 变化到 4.0，φ 从 20° 增大到 40°，$D=10$ m，$\gamma_w/\gamma_{sat}=0.5$，$\sigma_c/\gamma_{sat}D=0.02$ 和 $\sigma_s=0$ kPa，得到的归一化的隧道开挖面临界支护压力 $\sigma_c/\gamma_{sat}D$ 结果如图 5-5 所示。

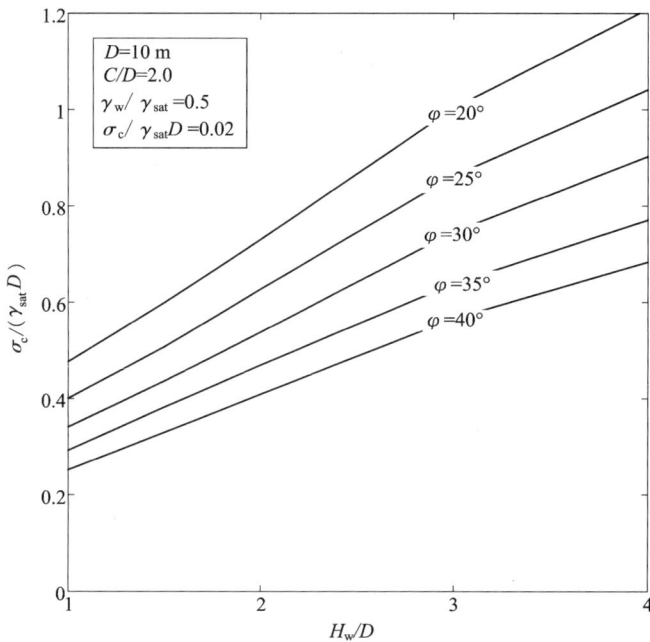

图 5-5　归一化的开挖面支护压力随 H_w/D 的变化规律

根据图 5-5，当 $\varphi=20°$，H_w/D 从 1.0 变化到 4.0 时，隧道开挖面临界支护压力从 97.2 kPa 变化到 246.9 kPa；在 $\varphi=40°$ 时，当 H_w/D 从 1.0 变化到 4.0，隧道开挖面临界支护压力从 51.5 kPa 变化到 139.5 kPa。这个结果表明，隧道开挖面支护压力随 H_w/D 的增大而增大，其增大规律几乎呈线性关系。

图 5-6 绘制了当 $\varphi=25°$ 时，H_w/D 为 2.0 和 3.0 时所对应的隧道开挖面的临界破坏机构。对比分析表明，地下水位的升高对隧道开挖面的破坏机构也有影响，随着 H_w/D 的增大，临界破坏机构的范围从隧道开挖面向外逐渐扩展。

(a) $H_w/D=2.0$

(b) $H_w/D=3.0$

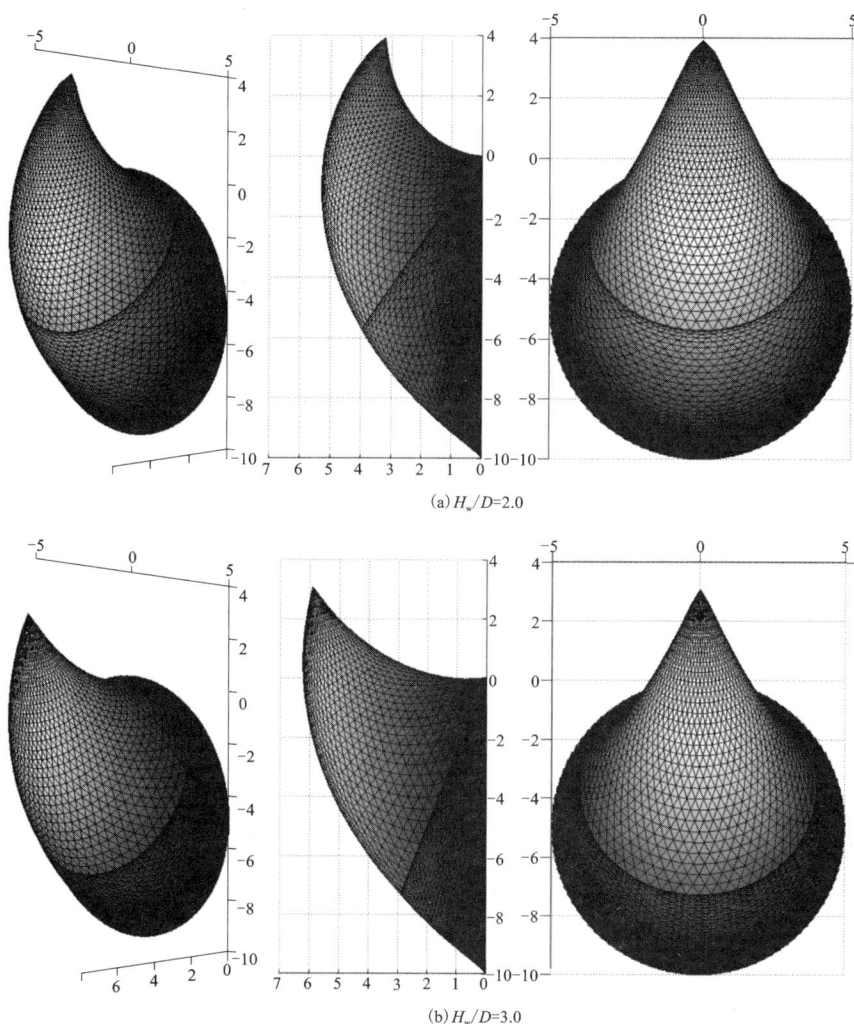

图 5-6　不同 H_w/D 时的临界破坏机构

5.3.3　渗透系数各向异性的影响

由于重力作用的影响，土体在水平方向的渗透能力一般高于竖直方向，即水平渗透系数 k_h 通常大于竖直渗透系数 k_v，因此，本节将讨论渗透系数各向异性对隧道开挖面稳定性的影响。图 5-7 给出了隧道开挖面临界支护压力关于 k_h/k_v 的变化情况，在计算中取 k_h/k_v 范围为 $1\sim10$，$\gamma_w/\gamma_{sat}=0.56$，$c=20$ kPa，$D=8$ m，$\sigma_s=0$ kPa。

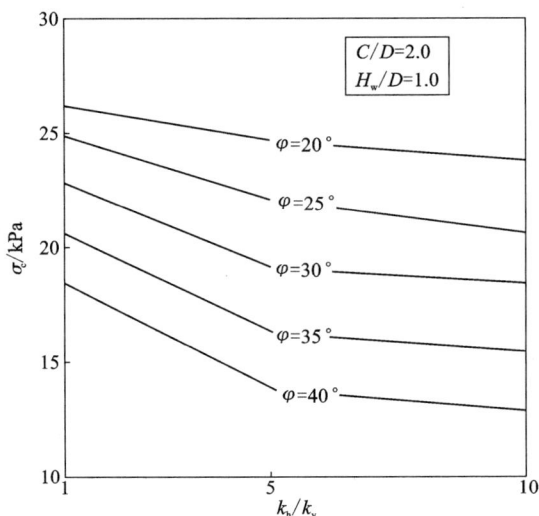

图 5-7 渗透系数各向异性对隧道开挖面临界支护压力的影响

由图 5-7 可以看到,随着 k_h/k_v 的增大,隧道开挖面临界支护压力逐渐减小,而且当 k_h/k_v 大于 5.0 时,减小的速率降低。例如在 $\varphi=40°$ 时,当 k_h/k_v 从 1.0 变化到 5.0 时,隧道开挖面临界支护压力减少了 24.9%;而当 k_h/k_v 从 5.0 变化到 10.0 时,仅减少了 6.8%。这说明较高的水平渗透率有利于隧道开挖面的稳定,这一结果与 De Buhan 等[94]的数值分析结果一致。这表明采用各向同性渗透系数计算隧道开挖面稳定性会给出偏于保守的解,同时,这也意味着各向同性模型可以更安全地用于工程计算。

5.3.4 设计图表

根据上述的分析,隧道开挖面临界支护压力 σ_c 与地下水头高度 H_w、隧道直径 D、埋深 C、土剪切强度参数 c 和 φ、地表超载 σ_s、土饱和重度 γ_{sat} 等参数相关。为了消除水头高度的影响,将开挖面临界支护压力 σ_c 与黏聚力 c 分别除以 $\gamma_{sat}H_w$ 进行归一化。归一化的开挖面临界支护压力的函数关系式可以写为:

$$\frac{\sigma_c}{\gamma_{sat}H_w} = f\left(\frac{c}{\gamma_{sat}H_w}, \frac{H_w}{D}, \frac{C}{D}, \varphi, \frac{\sigma_s}{\gamma_{sat}H_w}\right) \tag{5-12}$$

在计算中,H_w/D 的取值从 1.0 变化到 4.0,φ 从 20° 变化到 40°,隧道直径 $D=10$ m、$\gamma_w/\gamma_{sat}=0.5$、$\sigma_s=0$ kPa。在所有的计算中,渗透系数采用各向同性

模型。为了便于实际工程应用，图 5-8 给出了一些设计图表，表示不同 φ 和 H_w/D 下归一化隧道开挖面临界支护压力与黏聚力之间的变化关系。

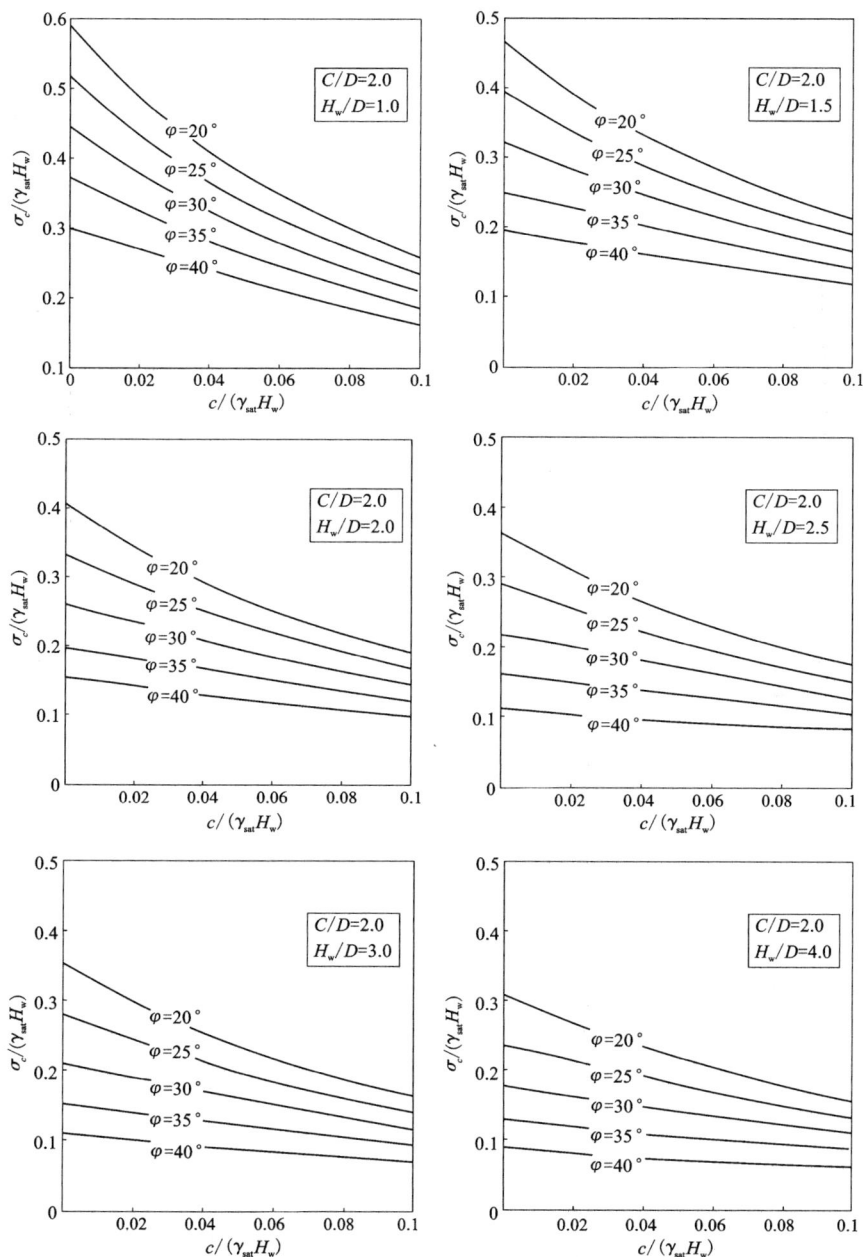

图 5-8 归一化的有效开挖面支护压力与归一化的黏聚力

85

从图 5-8 中可以看出，隧道开挖面临界支护压力随黏聚力或土体摩擦角的增大而减小，随 H_w/D 的增大而增大。有趣的是，$\sigma_c/(\gamma_{sat}H_w)$ 和 $c/(\gamma_{sat}H_w)$ 表现出轻微的非线性关系，特别是对于小摩擦角而言，这种非线性程度随着内摩擦角和水头的增大而降低。根据从图 5-8 中所观察到的近似线性关系，其他 H_w/D 值所对应的隧道开挖面临界支护压力可以通过两图之间的线性插值计算出来。

5.4 本章小结

本章基于岩土塑性力学极限分析上限法，结合数值模拟研究了稳定渗流条件下，隧道开挖面的稳定性。首先采用三维旋转破坏机构计算开挖面临界支护压力，利用数值模拟获得的隧道开挖面三维稳态渗流场，对三维旋转破坏机构中各点的孔隙水压力进行插值计算，进而获得了渗流作用下隧道开挖面临界支护压力严格意义上限解，最后讨论了水头高度、渗透率各向异性等参数对隧道开挖面稳定性的影响规律。

虽然本章内容只考虑了单一地层的情况，但是提出的方法可以很容易地扩展到复合地层的情况，比如存在渗透性夹层的地层情况。

第 6 章

盾构隧道开挖面泥浆压力传递效应及稳定性分析

6.1　引言

　　泥水盾构施工以泥水舱内加压泥浆作为媒介支护隧道开挖面前方土体,具有泥浆压力易于控制、地层扰动小、刀具磨损轻等优点,广泛应用于城市地铁、大型越江过河等隧道工程的建设中。开挖面稳定是泥水盾构隧道安全施工的关键工程问题之一[4, 15, 16]。隧道开挖面一旦发生失稳破坏,会引起地层变形甚至地表塌陷,威胁地表建筑物的安全,造成巨大的生命财产损失。

　　本章基于岩土塑性力学极限分析上限定理,考虑 3 种泥浆压力传递情况,以及泥饼或泥浆渗透区压降折减系数 α,利用数值模拟计算出隧道开挖地层的孔隙水压力分布,基于三维离散旋转破坏机构,在功率平衡方程中考虑泥浆支护压力和孔隙水压力的做功功率,通过强度折减法给出隧道开挖面安全系数的严格上限估计;将计算结果与已有文献的计算结果进行比较以验证方法的有效性,并讨论了超泥浆压力(泥浆压力与静水孔压之差)、水力边界条件、压降折减系数和土体抗剪强度等因素的影响,给出了一系列设计图表供工程师查阅。

6.2 泥浆压力传递机理

6.2.1 隧道开挖面泥浆渗透类型及孔隙水压力分布特征

在泥水盾构隧道施工过程中，泥水舱内泥浆压力被设定为高于前方地层的静水压力，在泥浆压力与地层静水压力差的作用下，泥浆侵入开挖地层形成泥膜，并在地层中引起超孔隙水压力，同时将泥浆压力传递给土体颗粒以抵抗地层中的静水压力、超孔隙水压力和土压力，形成泥浆荷载传递机制以维持开挖面的稳定，如图6-1所示。对于泥水盾构隧道，在不利地质条件下，设定合理的泥浆压力和形成有效的泥浆压力传递机制，是维持开挖面稳定的两个根本要素[4, 48, 53-61]。在盾构机的掘进过程中，刀盘切削会破坏泥膜的完整性及伴随的荷载传递机制，引起地层中的超孔隙水压力增大，导致泥浆压力流失，不利于开挖面的稳定[53-56]。泥浆荷载传递机制与开挖面破坏模式、泥浆压力、刀具切削作用、超孔隙水压力分布、地层和泥浆参数等众多因素有关，亟须开展系统深入的研究。

图6-1给出了3种类型的泥浆渗透情况及孔隙水压力分布特征示意图。盾构密封舱内泥浆压力线性分布，密封舱顶端的超泥浆压力设为 p。施加在隧道开挖面上的泥浆压力可以分解为3个部分：等于静水压力的部分，拱顶的超泥浆压力 p（超泥浆压力指泥浆压力与静水压之差），由水和泥浆容重差产生的超泥浆压力。隧道中心轴线上的泥浆压力可表示为 $p+\gamma_w H_w+\gamma_{sl} D/2$，其中 γ_w 表示水容重，γ_{sl} 表示泥浆容重。在本章中，地层土体和泥浆均假定为均质和各向同性介质。

6.2.2 开挖面泥浆压力传递机制

泥膜和泥浆渗透的形成情况主要受盾构掘进速度 V_{TBM}、泥浆在土骨架中的渗透速度 V_p、土骨架孔隙尺寸和泥浆颗粒等参数影响。当盾构处于停机阶段（$V_{TBM}=0$，安装管片或替换刀具），并且地层土骨架孔隙和泥浆颗粒尺寸满足一定条件时，才会形成泥饼（致密泥膜）[56-57]。泥饼的渗透性比地层土骨架的渗

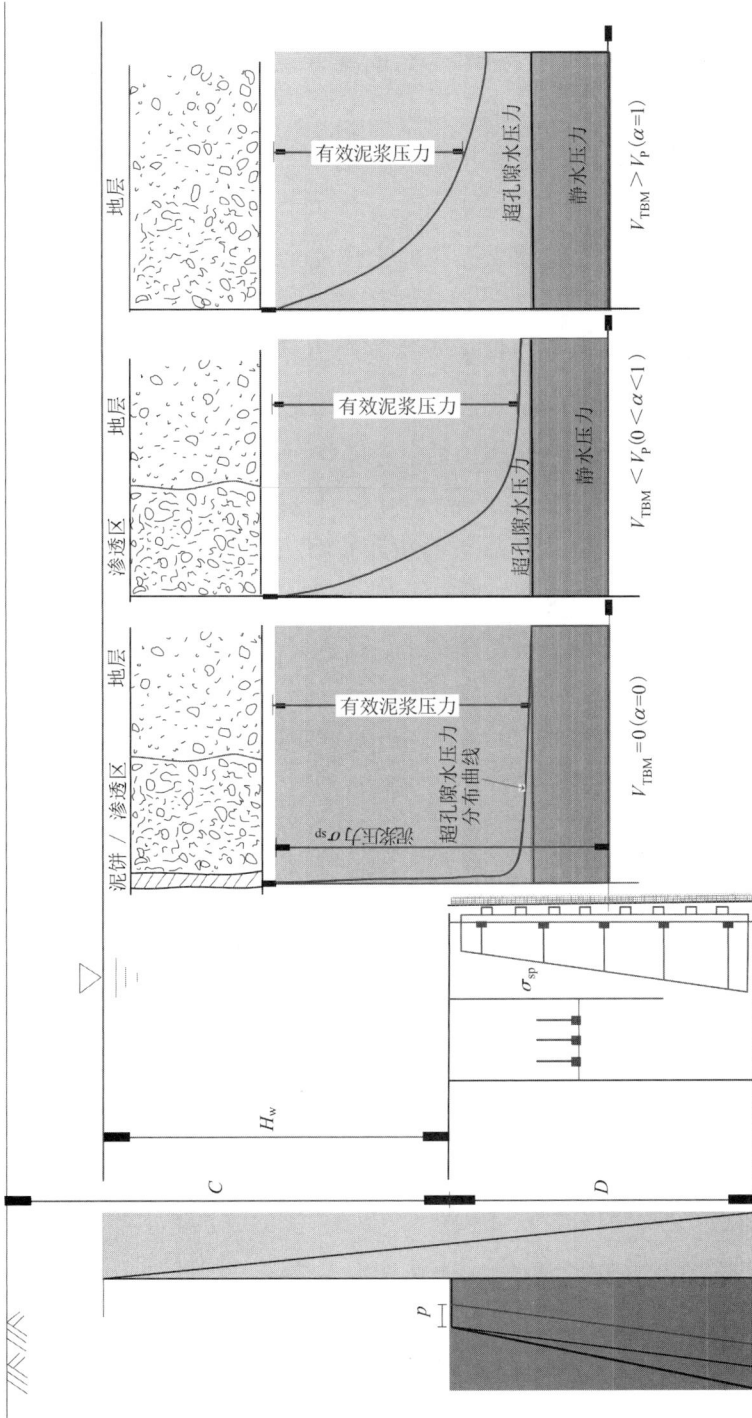

图 6-1　隧道开挖面泥浆渗透情况及孔隙水压力分布

透性小得多，阻碍了泥浆和水的渗透，隧道开挖面前方可以视为几乎没有地下水渗流发生。在泥饼范围内超孔隙水压力急剧减小，泥浆压力通过泥饼完全传递到土颗粒中，全部支护隧道开挖面。这种情况下，假设隧道开挖地层没有地下水渗流，可以采用最简单的隧道开挖面稳定性方法进行压力传递效率分析[61]，但可能会得出不安全的结果。

当 $V_P > V_{TBM}$ 时，刀具无法将渗入泥浆的土体完全挖除，因此，在刀盘前方会形成一个泥浆渗透区。刀盘前方地层的超孔隙水压力在泥浆渗透区内显著下降，压降后余压可作为前方地层中地下水渗流的边界条件。当 $V_P < V_{TBM}$ 时，刀具会将渗入泥浆的土体完全切削，无法形成泥饼和泥浆渗透区[65, 66, 71]，地下水向开挖面前方地层发生渗流，泥浆压力通过渗流作用传递到土骨架中。对这两种情况，进行隧道开挖面压力传递效率分析时，需要求解开挖地层的渗流场，进而考虑泥浆与水的渗流与土骨架颗粒的相互作用。

上述 3 种泥浆渗透类型的总结如表 6-1 所示，其主要区别在于泥饼或渗透区内的孔隙水压力下降速率以及压降后的渗流。孔隙水压力下降速率对泥浆压力的传递效果有很大影响，是影响隧道开挖面稳定性的关键因素。前人研究中采用两种方法来表示泥饼或泥浆渗透区内的压降：①使用折减系数 $\alpha(0<\alpha<1)$[55]；②基于最大渗透距离，假设孔隙水压力线性降低[54]。

表 6-1　泥水盾构隧道 3 种泥浆渗透类型

类型	适用条件	泥浆压力传递特点
致密泥膜（滤饼）	$V_{TBM} = 0$，地层颗粒级配好	开挖面前方形成致密的不透水或者微透水泥膜，无渗流发生，超孔隙水压力急剧下降。泥浆压力通过致密泥膜完全转化为有效支护压力（$\alpha=0$）
泥浆渗透区	$V_{TBM}<V_P$	刀具切削，无法形成完整泥膜，泥浆向前入渗形成泥浆渗透区。泥浆渗透区内孔隙水压力明显下降后，泥浆压力通过泥浆渗透区的浆液与土颗粒间的剪应力来传递（$0<\alpha<1$）
无泥浆渗透区	$V_{TBM}>V_P$	泥浆颗粒在渗入土骨架后被刀具持续不断地切除，无法形成滤饼与泥浆渗透区，地下水朝开挖面前方地层发生渗流，泥浆压力完全通过渗流作用传递（$\alpha=1$）

折减系数 α 表示泥饼或泥浆渗透区泥浆压力下降后剩余的超泥浆压力的比例，其定义式为 $\alpha = \dfrac{\varphi_0}{(\varphi_m - \varphi_\infty)}$，其中 φ_m 和 φ_∞ 分别表示盾构泥水舱内和无穷远处的测压管水头，φ_0 为泥饼或泥浆渗透区压降后剩余的测压管水头。当 $\alpha = 1$ 时，文献[95]给出了泥浆渗透速度的计算式：$V_P = (k\varphi_0)/(nR)$。其中，k 为渗透系数，n 为土孔隙率，R 为隧道半径。当 $V_P = V_{TBM}$ 时，可以导出确定 α 的方程[96]：

$$\alpha = \frac{nRV_{TBM}}{(\varphi_m - \varphi_\infty)k} \tag{6-1}$$

当上式计算出的 α 超过 1 时，表明 $V_P < V_{TBM}$，在这种情况下，$V_P = (k\varphi_0)/(nR)$ 确定，$\varphi_0 = \varphi_m - \varphi_\infty$，进而可以得出 $\alpha = 1$。

需要指出的是，相比于盾构掘进速度可以假定为恒定的，泥浆渗透速度却非常复杂。学者们也对与时间相关的泥浆渗透过程进行了理论和试验研究[63, 67, 71, 76]，见本书第 2 章（2.2 节），发现泥浆渗透速度和渗透距离随时间显著变化。因此，上文提到的泥浆渗透速度可以理解为其平均渗透速度。

6.3 泥水盾构隧道开挖面稳定性上限分析

6.3.1 泥水盾构隧道开挖面安全系数计算

为了计算给定泥浆压力作用下的隧道开挖面安全系数 FS，在功率平衡方程中，除施加的泥浆支护压力外，还虚构了一个开挖面上的额外支护压力 σ_c，该支护压力均匀地施加到隧道开挖面上。基于极限分析上限定理，该假想的支护压力 σ_c 的上限解表达式为

$$\sigma_c = \gamma_{sat} D N_\gamma + \sigma_s N_s - c N_c + \gamma_w H_w N_w - \overline{\sigma}_{sp} N_{sp} \tag{6-2}$$

式中：$\overline{\sigma}_{sp}$ 为开挖面上的平均泥浆压力；无量纲系数 N_s、N_γ、N_w、N_c 的表达式分别见式（4-45）、（5-10）、（5-11）、（4-46）。无量纲系数 N_{sp} 的表达式为

$$N_{sp} = \frac{\sum_i (\sigma_{sp_i} S_{i,0} R_{i,0} \cos \beta_{i,0})}{\overline{\sigma}_{sp} \sum_i (S_{i,0} R_{i,0} \cos \beta_{i,0})} \tag{6-3}$$

式中：σ_{sp_i} 为隧道开挖面离散单元处的泥浆压力值。

参考第 5 章，将由数值模拟计算得出的开挖地层三维孔隙水压力分布引入开挖面稳定性分析的功率计算中，而前期研究将开挖地层渗流简化为一维渗流[53-55, 61]。

在岩土塑性力学极限分析上限定理的框架内，基于强度折减法求解隧道开挖面安全系数的上限解。安全系数 FS 定义为土体的真实抗剪强度参数（包括 c 和 $\tan\varphi$）与临界抗剪强度（包括 c_r 和 $\tan\varphi_r$）的比值。

$$FS = \frac{c}{c_r} = \frac{\tan\varphi}{\tan\varphi_r} \tag{6-4}$$

在计算过程中，通过减小或者增大初始土体强度参数 c 和 $\tan\varphi$ 为 c/FS 和 $\arctan(\tan\varphi/FS)$，直到隧道开挖面达到极限状态（即 σ_c 的最优上限解为 0），对应的最小安全系数为上限解。

6.3.2 泥水盾构隧道开挖地层孔隙水压力分布

本节采用数值模拟研究泥浆向前入渗引起的开挖地层孔隙水压力分布。在数值模型中，假设衬砌设置为不透水衬砌，渗流仅通过开挖面发生，渗流过程为稳态渗流，地层的渗透系数是均匀的。隧道直径 $D=6$ m，埋深比 $C/D=2.0$，渗透系数 $k=4\times10^{-4}$ m/s，泥浆重度 $\gamma_{sl}=12$ kN/m³，$H_w/D=1.0$，$p/(\gamma_w D)=5/6$。

图 6-2 和图 6-3 分别给出了隧道纵向对称面和隧道中心所在水平面上一定范围内的测压管水头分布和超静孔隙水压力分布。图 6-2 和图 6-3 给出了数值模拟计算得到的开挖面前方测压管水头分布和孔隙水压力分布结果，对应图 6-1 中的无泥浆渗透区（$\alpha=1$）的情况。图 6-2 中的测压管水头是从隧道开挖面底部测量的，可以观察到，靠近开挖面的测压管水头明显大于静压水头，并且越靠近隧道开挖面，测压管水头变化得越快。从图 6-3 中可以看出，开挖面前方的孔隙水压力明显高于静水压力，特别是在隧道底部位置附近。由于超泥浆压力的影响，水头改变得非常快，因此有必要将其考虑到隧道开挖面的稳定性分析中。

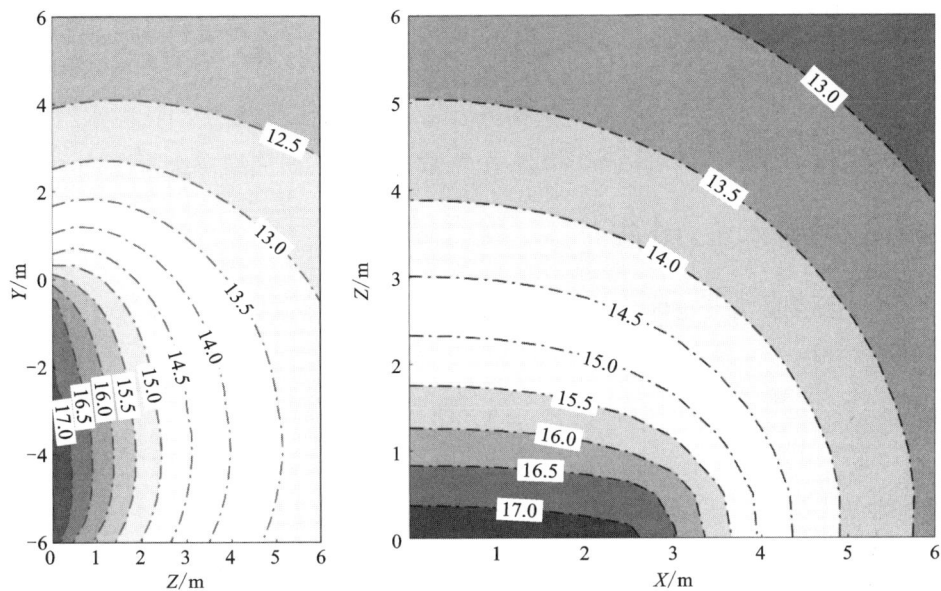

图 6-2　开挖地层隧道纵向对称面及隧道中心所在水平面上的测压管水头分布(单位：m)

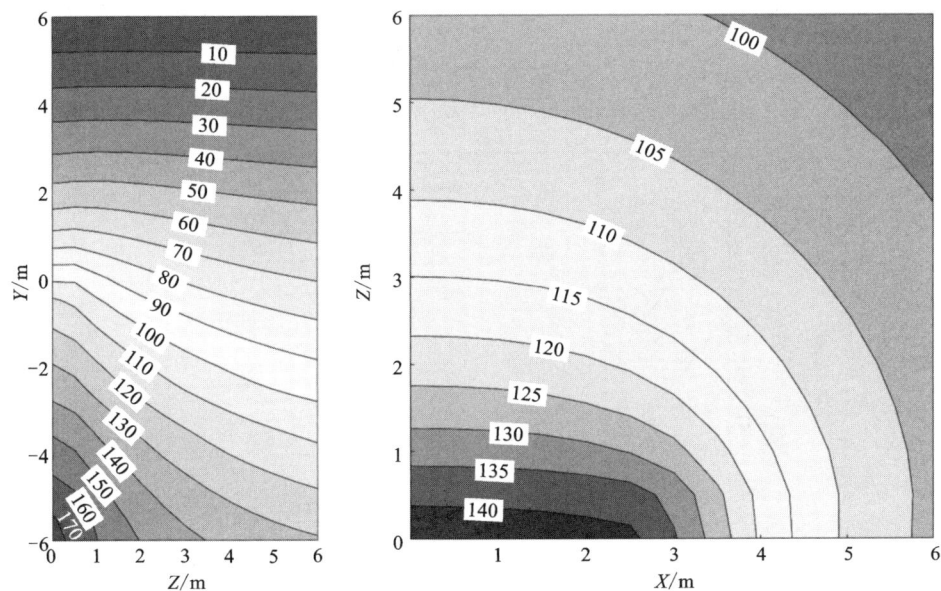

图 6-3　开挖地层隧道纵向对称面及隧道中心所在水平面上的孔隙水压力分布(单位：kPa)

6.4 比较与验证

为验证所提出的方法，将计算得到的隧道开挖面前方地层的孔隙水压力分布及泥浆压力作用下的隧道开挖面安全系数与前人的研究结果进行比较。

6.4.1 孔隙水压力比较

为了预测隧道开挖面前方地层的孔隙水压力，Bezuijen 等[55]提出了一个一维解析方程：

$$\varphi = \varphi_0 \left[\sqrt{1+(Z/R)^2} - Z/R \right] \tag{6-5}$$

式中：φ 为开挖面前方某点的测压管水头；Z 为该点与隧道中心点之间距离在隧道轴线上的投影。

将本章数值模拟计算获得的超孔隙水压力与 Bezuijen 等[55]给出的解析解进行对比。选取1%压降($\alpha = 0.99$)和10%压降($\alpha = 0.90$)两种情况进行分析。模型参数设置为：$D = 10$ m、$C/D = 1.5$、$H_w/D = 1.5$、$\gamma_{sat} = 20$ kN/m³。为了与 Bezuijen 等[55]的研究条件保持一致，将隧道开挖面上的测压管水头简化为一个常数值，在 $\alpha = 0.99$ 时临界泥浆压力为 $p_u = 24.5$ kPa，在 $\alpha = 0.90$ 时为 $p_u = 18.0$ kPa。图 6-4 显示了 Bezuijen 等[55]的解析解与本章方法计算得到的孔隙

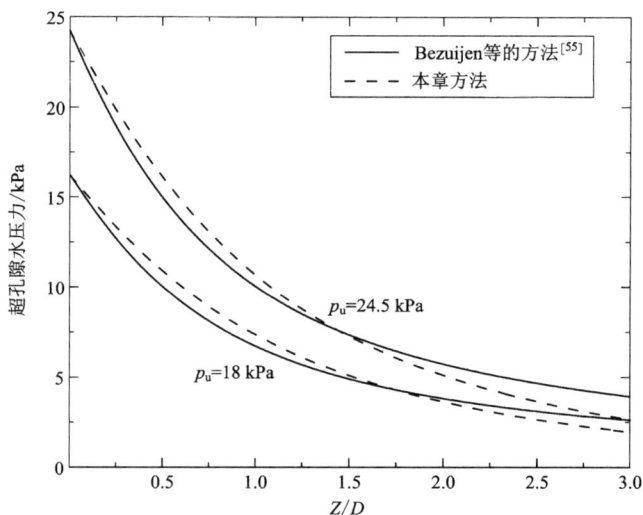

图 6-4 本章方法与 Bezuijen 等[55]解析解的比较

水压力的比较,可以看到,本章方法的数值解与 Bezuijen 等[55]的解析解吻合得较好。

6.4.2　安全系数的比较

基于数值模拟得出的孔隙水压力,将本章方法计算得到的隧道开挖面安全系数与 Bezuijen 等[55]和 Zizka[65]的结果进行对比。计算结果如表 6-2 所示。

表 6-2　计算得到的安全系数比较

工况	Bezuijen 等[55] 的结果	本章结果
$p_u = 24.5$ kPa, $c = 1$ kPa, $\varphi = 32.5°$, $\alpha = 0.99$	1.00	1.00
$p_u = 18.0$ kPa, $c = 1$ kPa, $\varphi = 32.5°$, $\alpha = 0.90$	1.00	0.97
工况	Zizka[65] 的结果	本章结果
$p_u = 70$ kPa, $c = 0$, $\varphi = 30°$	1.16	1.12
$p_u = 70$ kPa, $c = 0$, $\varphi = 35°$	1.39	1.26

在表 6-2 中,本章计算采用 Bezuijen 等[55]的研究中数值模拟确定的隧道开挖面临界泥浆压力进行计算,理论上在这两组泥浆压力作用下隧道开挖面安全系数应为 1.0,计算结果与实际情况一致,表明本章方法可以给出合理的隧道开挖面安全系数评估。与 Zizka[65]的研究比较的模型参数取为 $D = 10$ m, $C/D = 1.0$, $H_w/D = 1.0$, $\gamma_{sat} = 21$ kN/m³,读者可以参考 Zizka[65]的研究中的计算案例"R2c-Ref P2"获取更多信息。Zizka[65]将安全系数定义为传递到整个开挖地层的平均支护压力与作用于隧道开挖面的平均土压力之比。通过表 6-2 的比较可以看出,本章方法的解比 Zizka[65]的解更保守,原因可能有两个:一是 Zizka 的研究中考虑了刀盘动态作用和时间因素且使用均布的泥浆压力;二是本章方法给出的解是安全系数的严格上限估计。

6.5 结果与讨论

本节讨论模型参数对隧道开挖面稳定性的影响,包括超泥浆压力、地下水位和压降情况。参数设置为:$D=6$ m、$C/D=2$、$\varphi=25°$、$\gamma_{sat}=25$ kN/m³、$\gamma_d=20$ kN/m³、$\gamma_{sl}=12$ kN/m³。由于泥浆渗透区的情况可以在稳态渗流模型的基础上引入折减系数 α 来分析,所以隧道开挖面的渗流采用稳态渗流模型分析。

6.5.1 超泥浆压力的影响

基于稳态渗流模型,隧道拱顶处超泥浆压力对开挖面安全系数的影响如图 6-5 所示。由图 6-5 可知,$p/(\gamma_w D)$ 值越大,隧道开挖面安全系数越大,隧道开挖面越稳定。此外,对于图 6-5(a)所示的小黏聚力的情况[$c/(\gamma_{sat}D)=0.02$],当 H_w/D 较大时,$p/(\gamma_w D)$ 的增大对安全系数 FS 的影响更大。因此,在黏聚力较小、地下水位较高的情况下,增加超泥浆压力对维持开挖面稳定有显著作用。

6.5.2 地下水位的影响

地下水位变化会导致隧道开挖面的安全系数发生变化。图 6-6 显示了在不同摩擦角 φ 下隧道开挖面安全系数 FS 与 H_w/D 的关系,可以观察到安全系数 FS 与地下水位变化几乎呈线性关系,且随着地下水位 H_w/D 的增大而增大。在地下水位较低的情况下,超泥浆压力与静水压力的比值相对较大,在这种情况下,泥浆入渗更加严重,进而导致更大的超孔隙水压力,从而降低了泥浆压力传递效率。

6.5.3 泥饼或泥浆渗透区压降的影响

泥饼或泥浆渗透区内的孔隙水压力下降程度是不同的,最终会影响前方开挖地层的渗流过程。为了研究泥饼或泥浆渗透区内孔隙水压力下降程度对开挖面稳定性的影响,图 6-7 给出了 $H_w/D=2$ 时不同归一化超泥浆压力下 $FS/\tan\varphi$ 随着折减系数 α 变化的关系图。可以看到,安全系数随着 α 的增大而减小,这并不奇怪。黏聚力较大时,可以发现,随着 α 的增大,$FS/\tan\varphi$ 几乎呈线性下降。

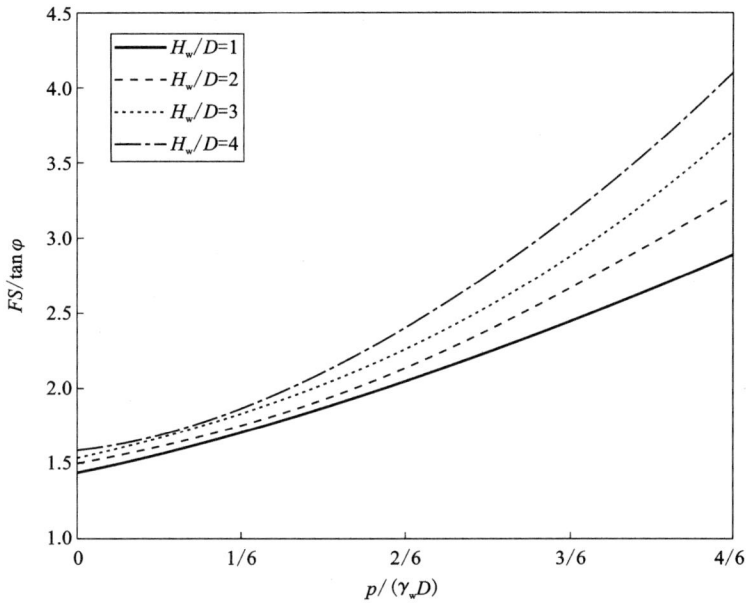

(a) $c/(\gamma_{sat}D)=0.02$

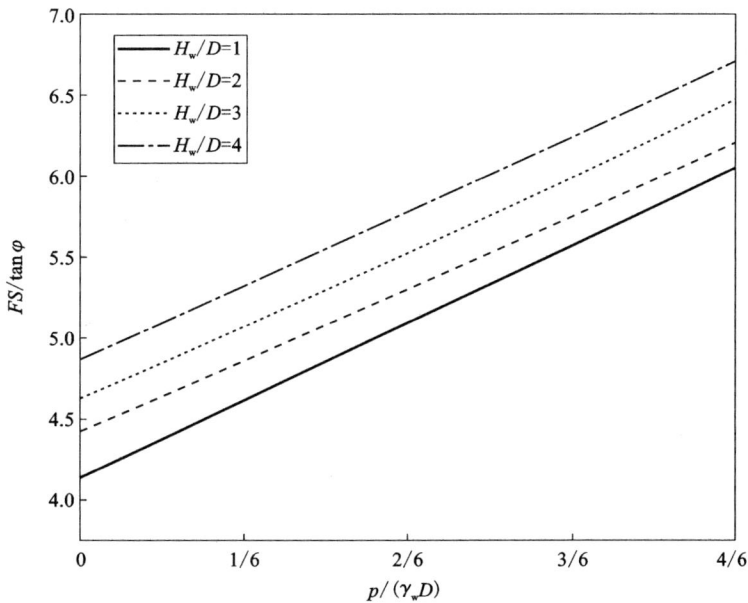

(b) $c/(\gamma_{sat}D)=0.10$

图 6-5　不同水头高度下隧道开挖面安全系数随超泥浆压力的变化

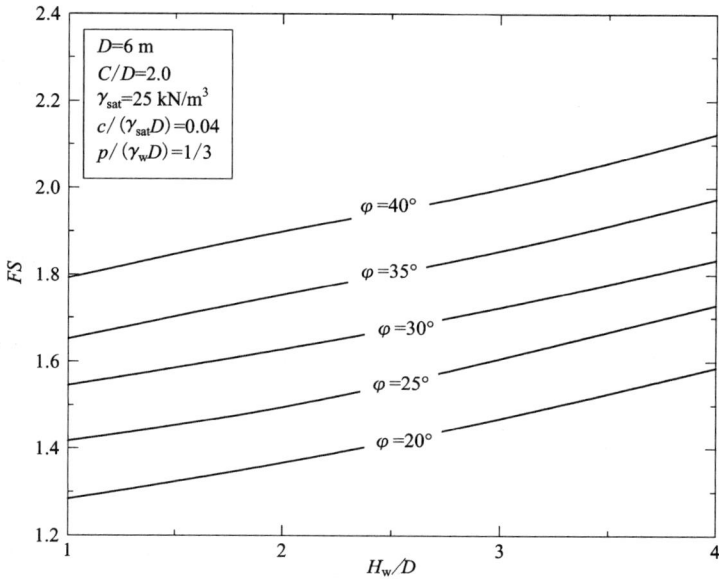

图 6-6 地下水位 H_w/D 对隧道开挖面安全系数的影响

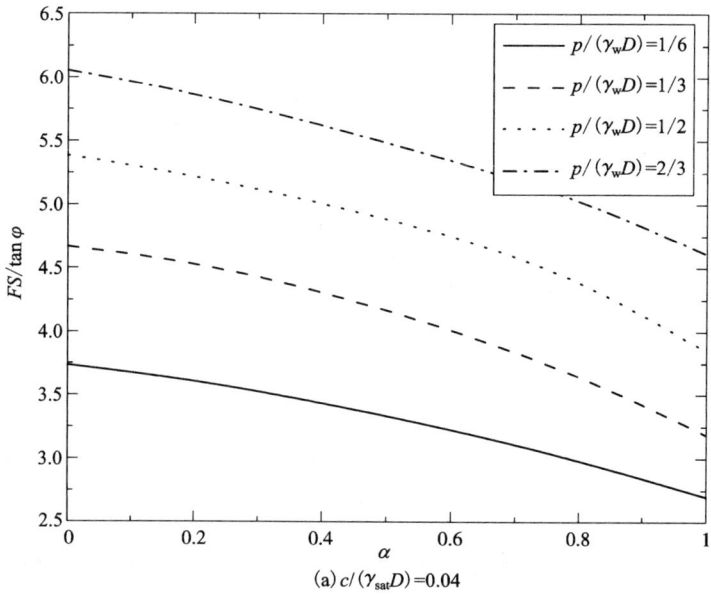

(a) $c/(\gamma_{sat}D)=0.04$

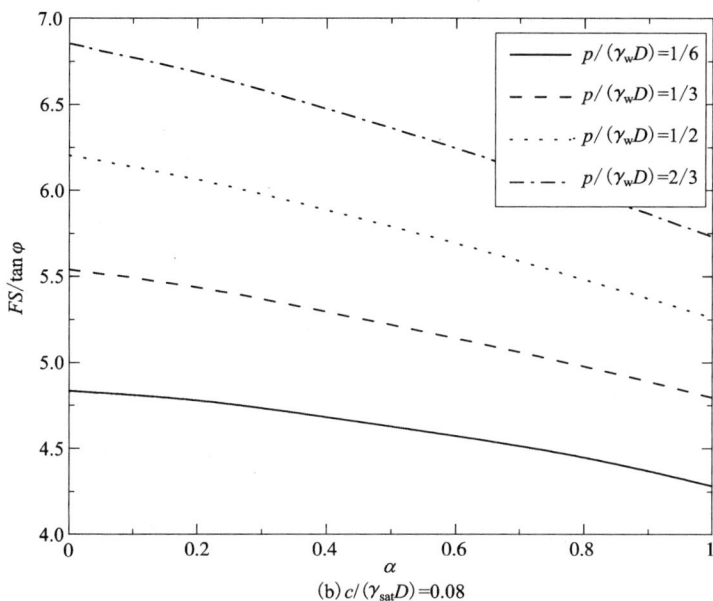

图 6-7　压降折减系数 α 对开挖面安全系数的影响

6.5.4　安全系数设计图表

根据前文的分析,隧道开挖面安全系数 FS 是压降折减系数 α、黏聚力 c、摩擦角 φ、隧道直径 D、地下水位高度 H_w、埋深比 C/D、超泥浆压力 $p/(\gamma_w D)$、泥浆重度 γ_{sl}、饱和重度 γ_{sat} 和干重度 γ_d 的函数:

$$FS = f(\alpha, c, \varphi, D, H_w, C/D, p/(\gamma_w D), \gamma_{sl}, \gamma_{sat}, \gamma_d) \quad (6\text{-}6)$$

为方便工程应用,图 6-8 到图 6-11 给出了安全系数和黏聚力关系的归一化图表,其中地下水位标高 H_w、黏聚力 c 和安全系数 FS 分别用 D、$\gamma_{sat} D$ 和 $\tan\varphi$ 归一化。在所有计算中,泥浆重度 γ_{sl} 设为 12 kN/m³,折减系数 α 为 0、1.0,C/D 从 2.0 增大到 4.0,$c/(\gamma_{sat} D)$ 从 0 增大到 0.12,H_w/D 的取值范围为 1~4,$p/(\gamma_w D)$ 从 0 变化到 2/3。

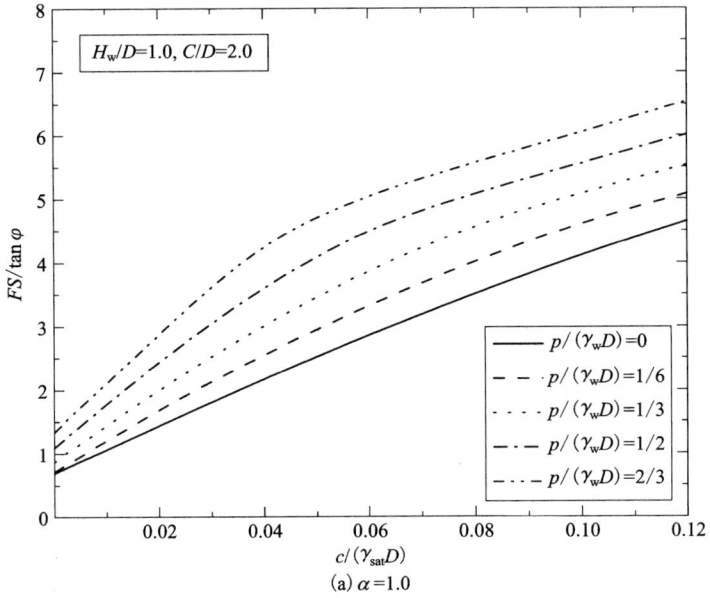

(a) $\alpha = 1.0$

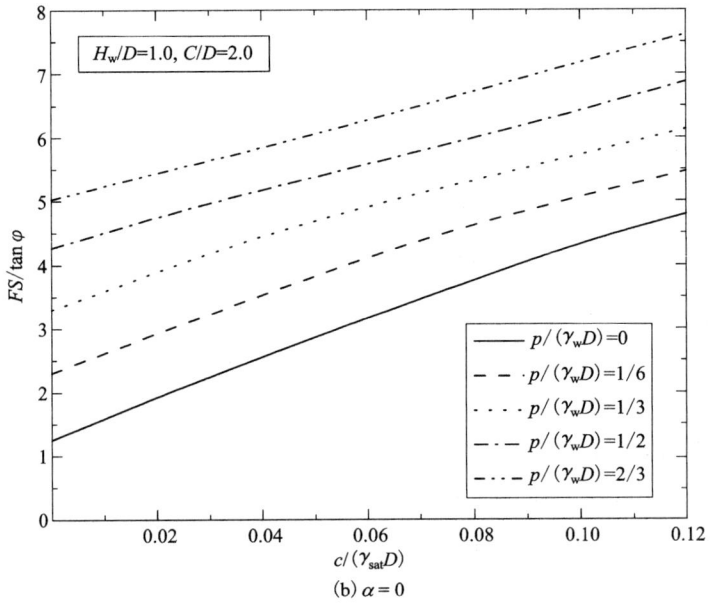

(b) $\alpha = 0$

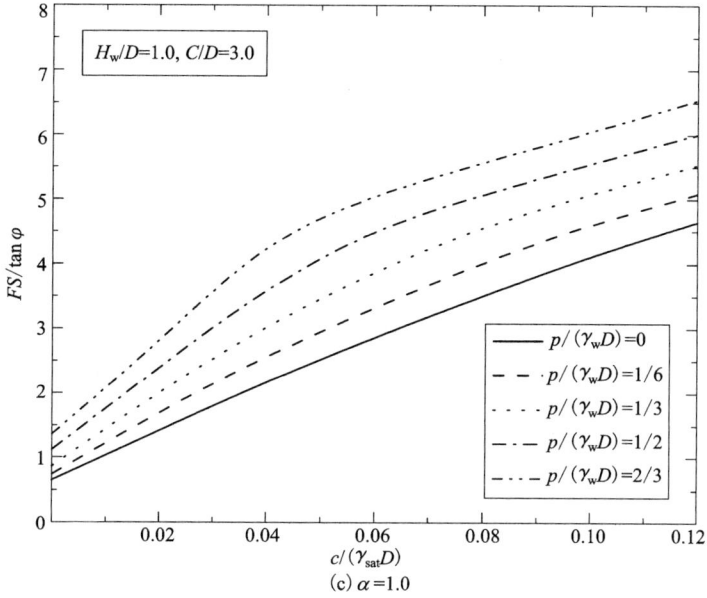

(c) $\alpha = 1.0$

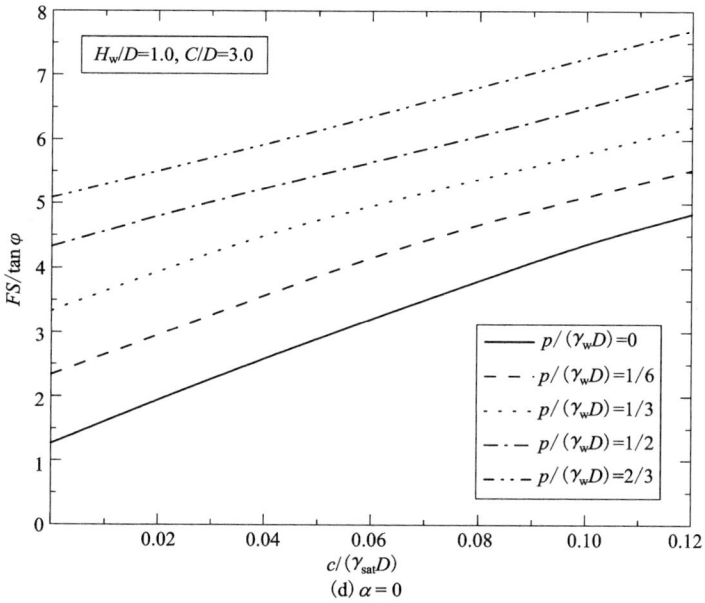

(d) $\alpha = 0$

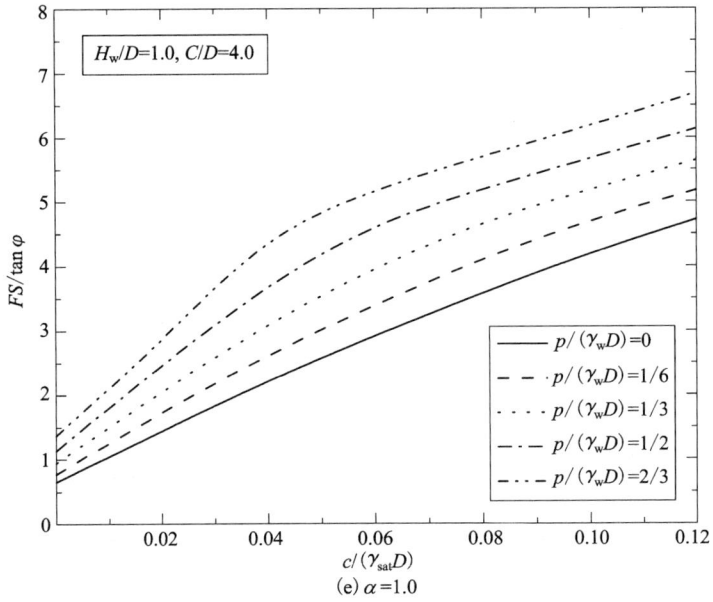

(e) $\alpha=1.0$

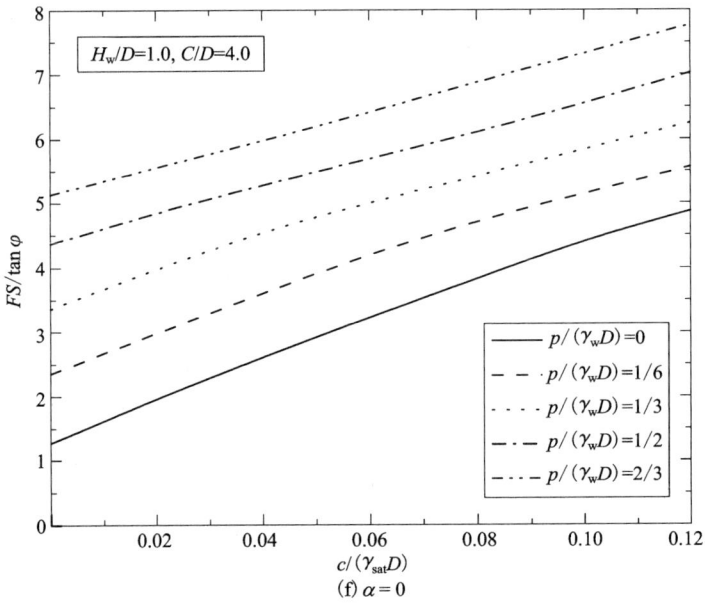

(f) $\alpha=0$

图 6-8　$H_w/D=1.0$ 时安全系数与黏聚力之间的关系

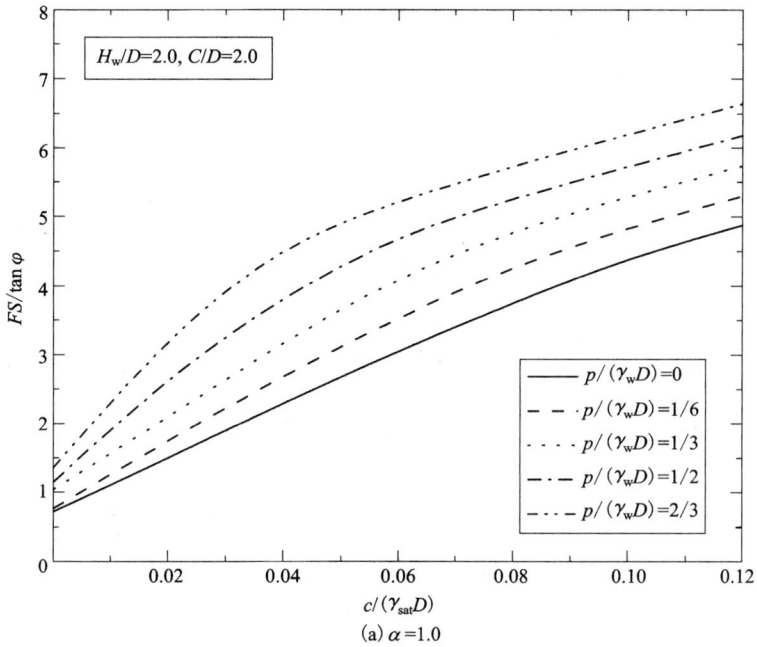

(a) $\alpha = 1.0$

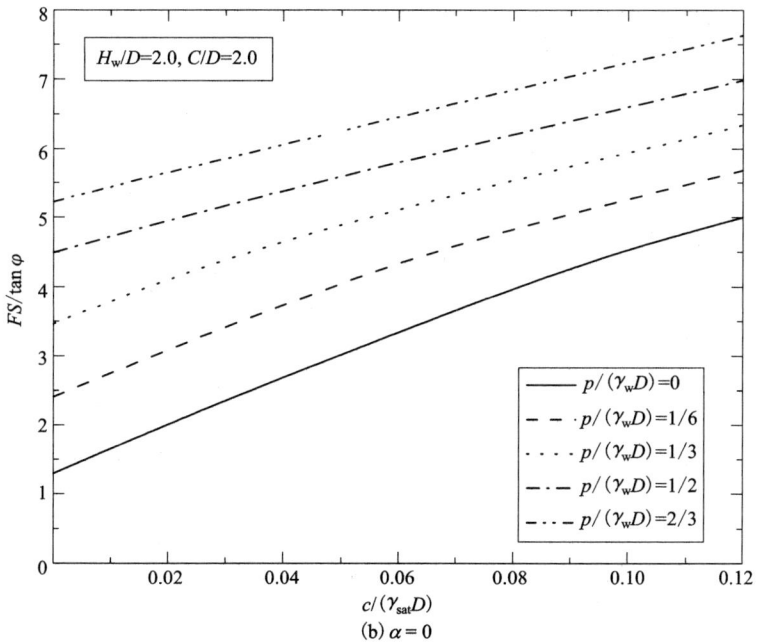

(b) $\alpha = 0$

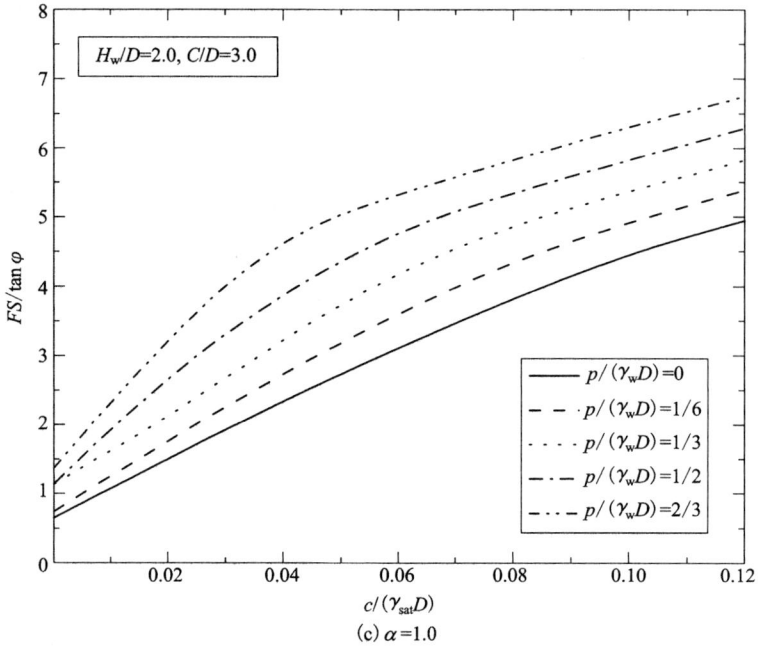

(c) $\alpha = 1.0$

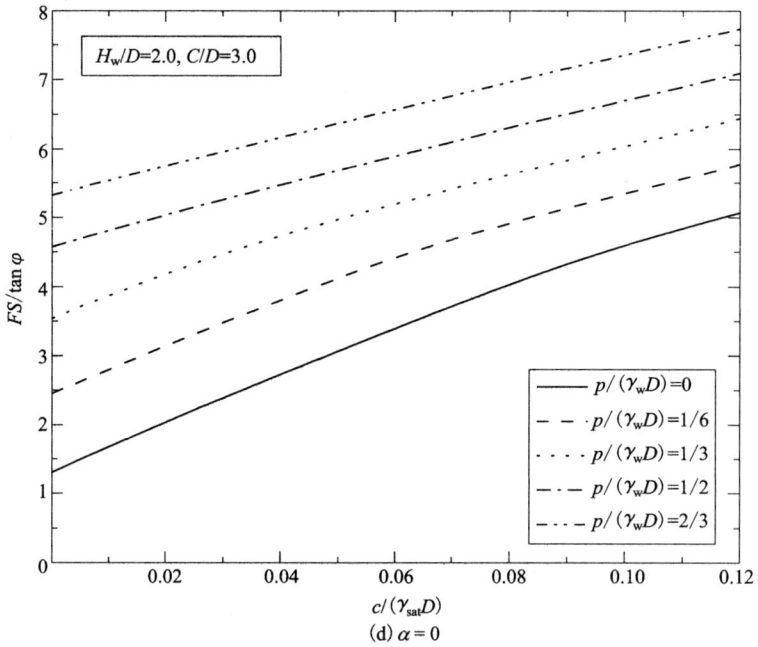

(d) $\alpha = 0$

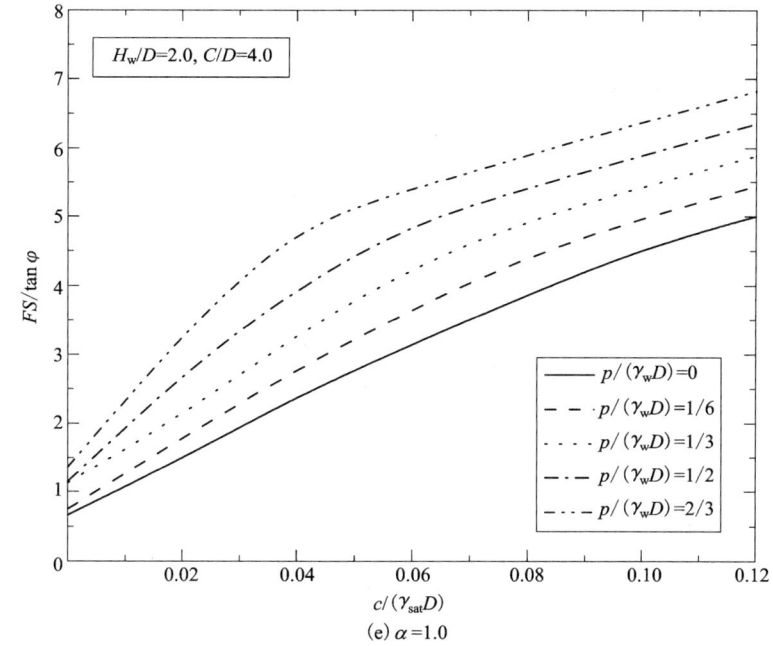

(e) $\alpha = 1.0$

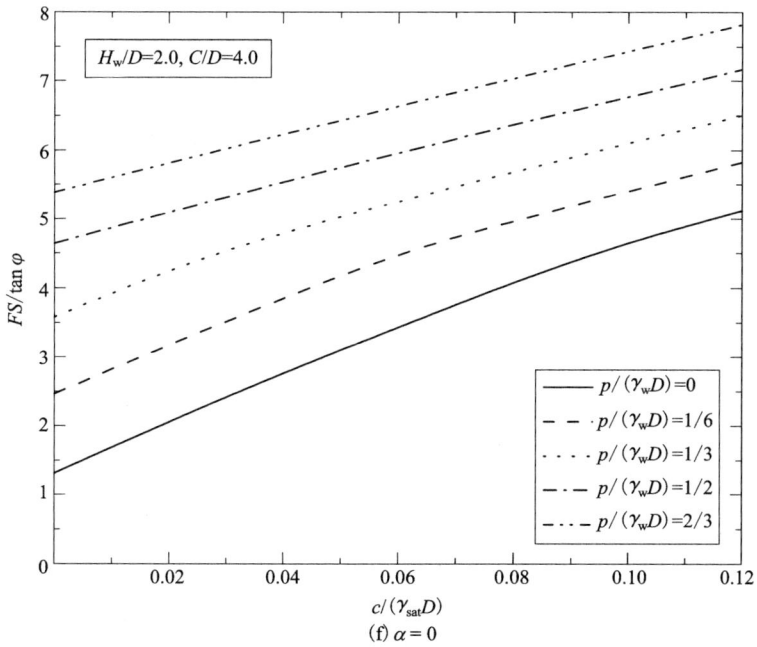

(f) $\alpha = 0$

图 6-9 $H_w/D = 2.0$ 时安全系数与黏聚力之间的关系

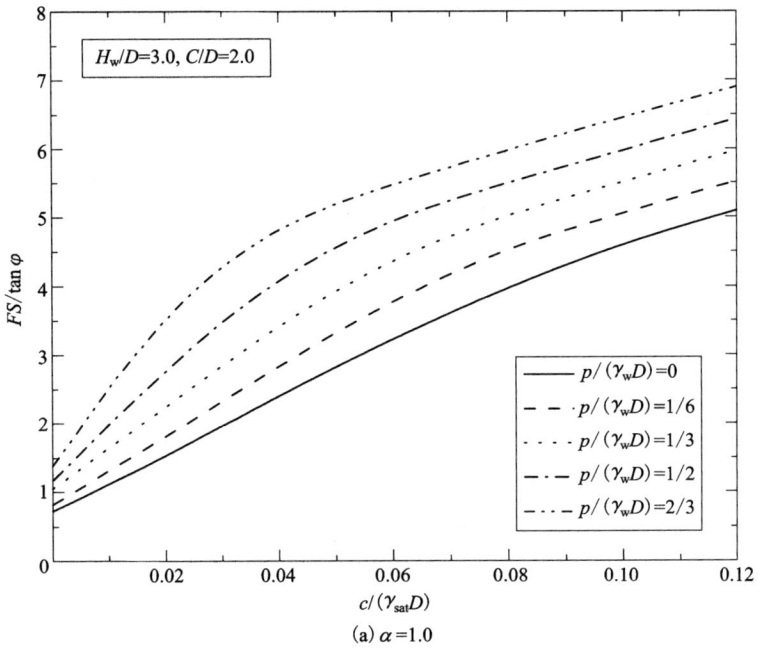

(a) $\alpha = 1.0$

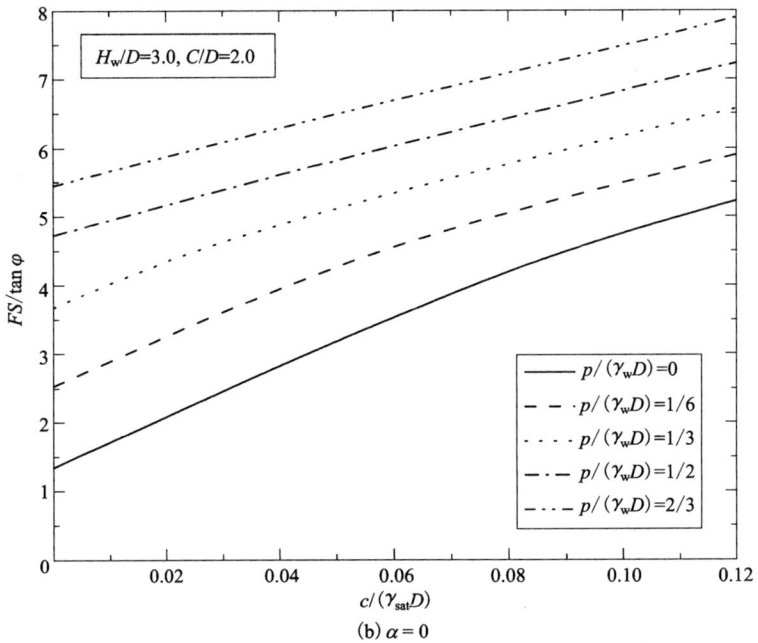

(b) $\alpha = 0$

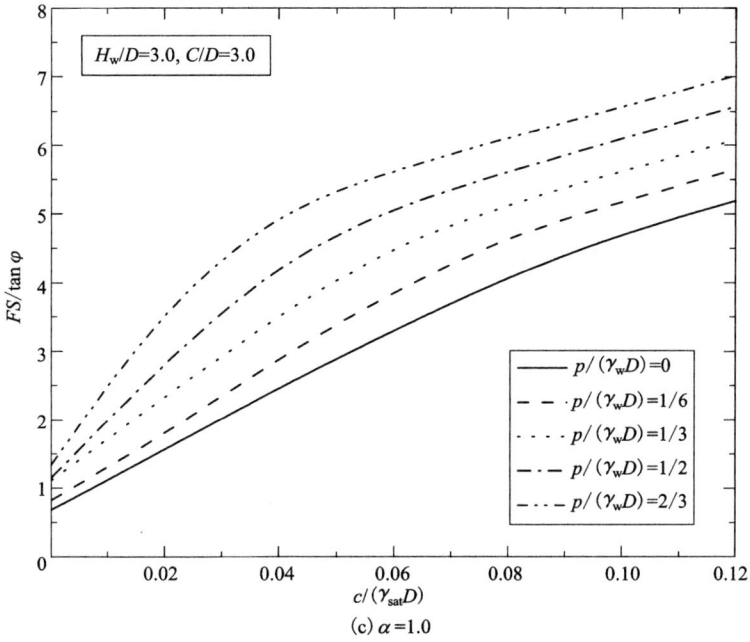

(c) $\alpha = 1.0$

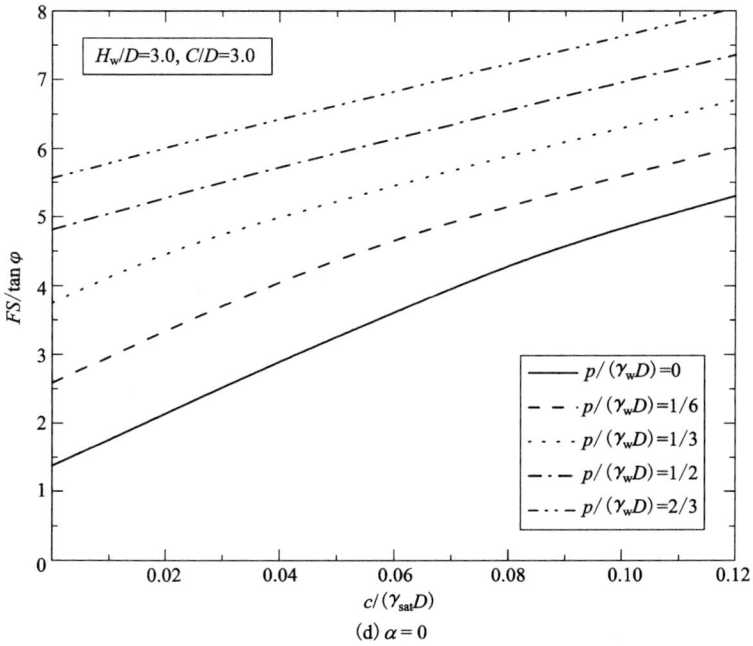

(d) $\alpha = 0$

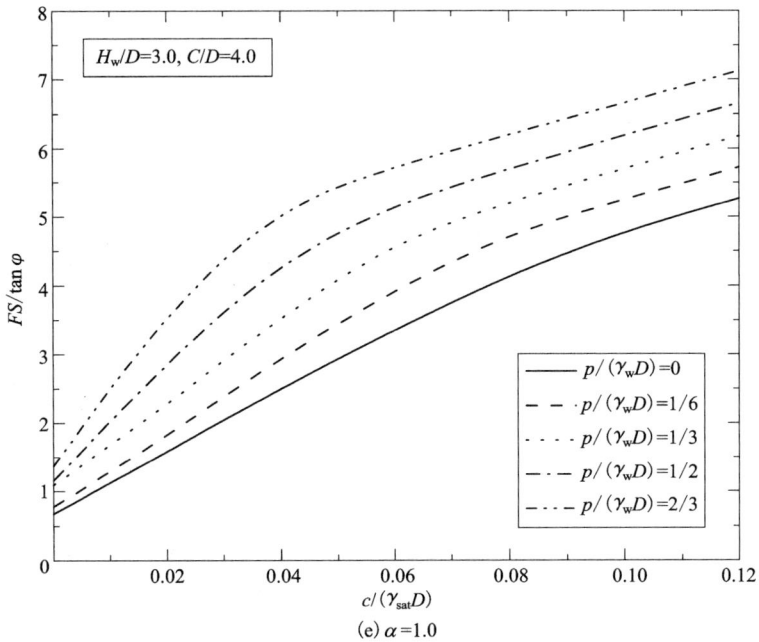

(e) $\alpha=1.0$

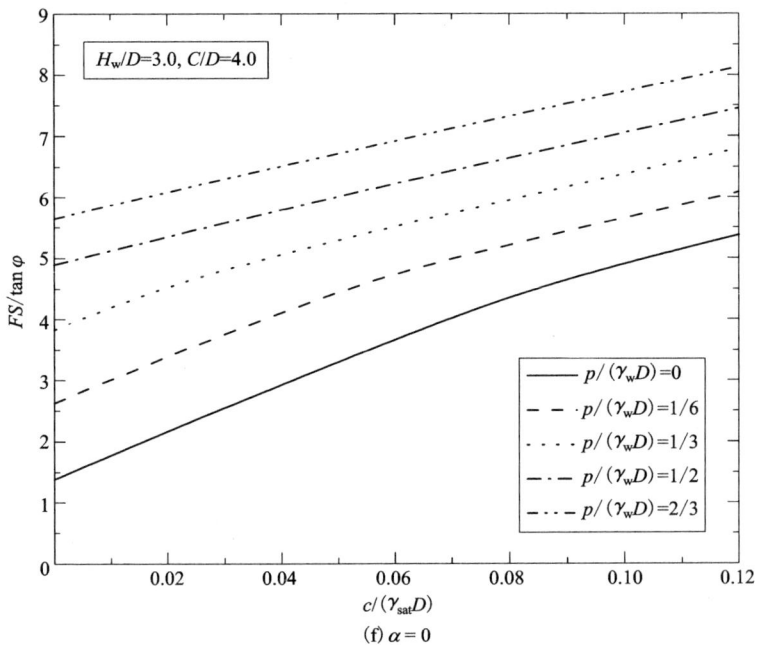

(f) $\alpha=0$

图 6-10 $H_w/D=3.0$ 时安全系数与黏聚力之间的关系

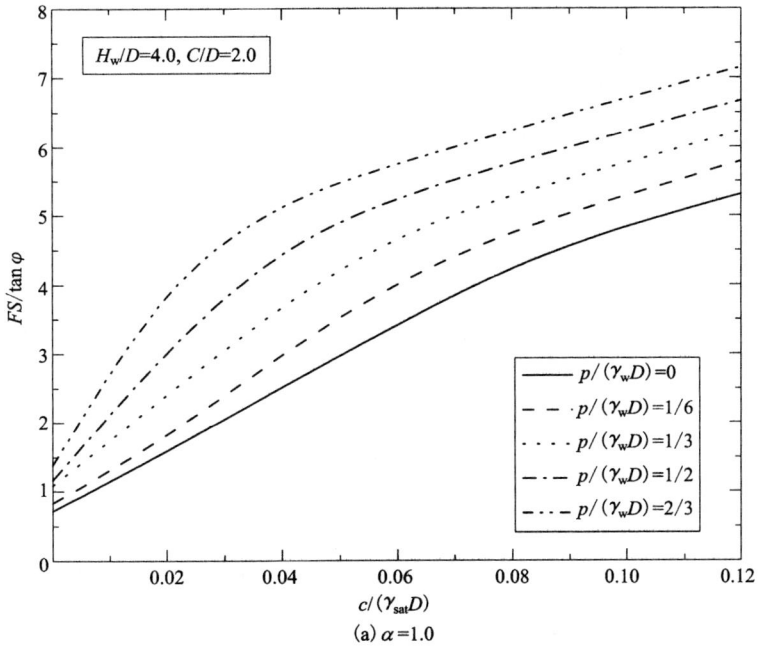

(a) $\alpha = 1.0$

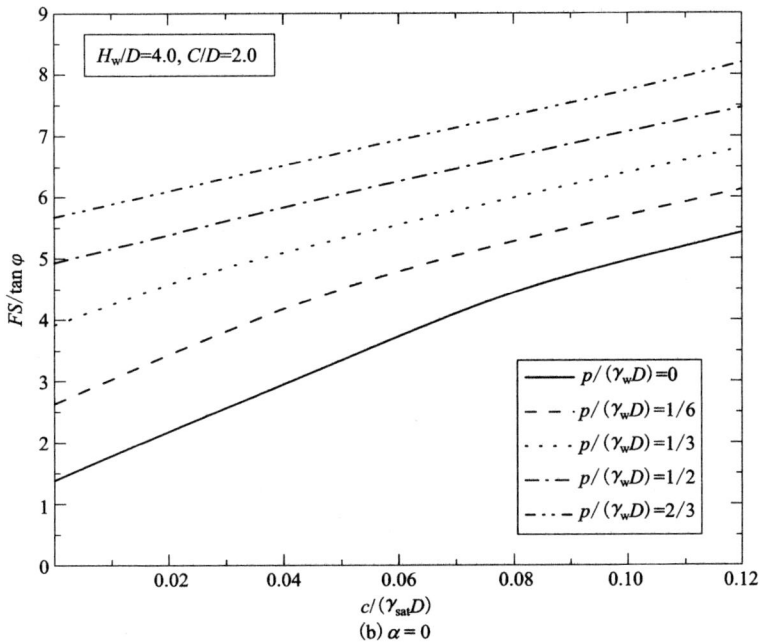

(b) $\alpha = 0$

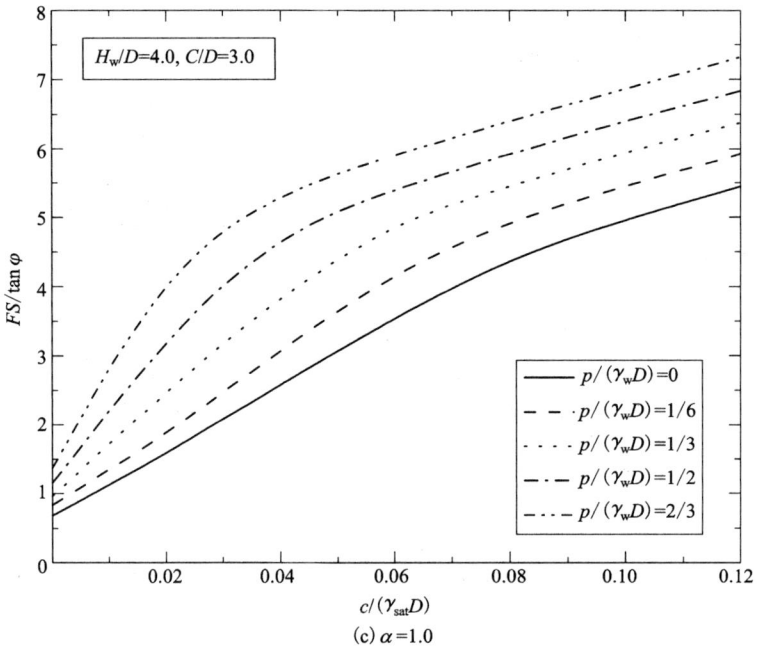

(c) $\alpha=1.0$

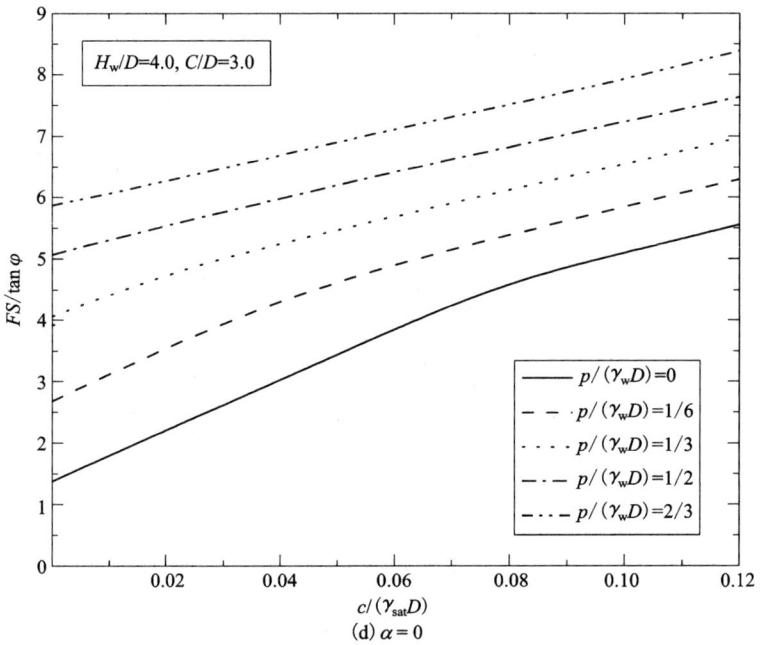

(d) $\alpha=0$

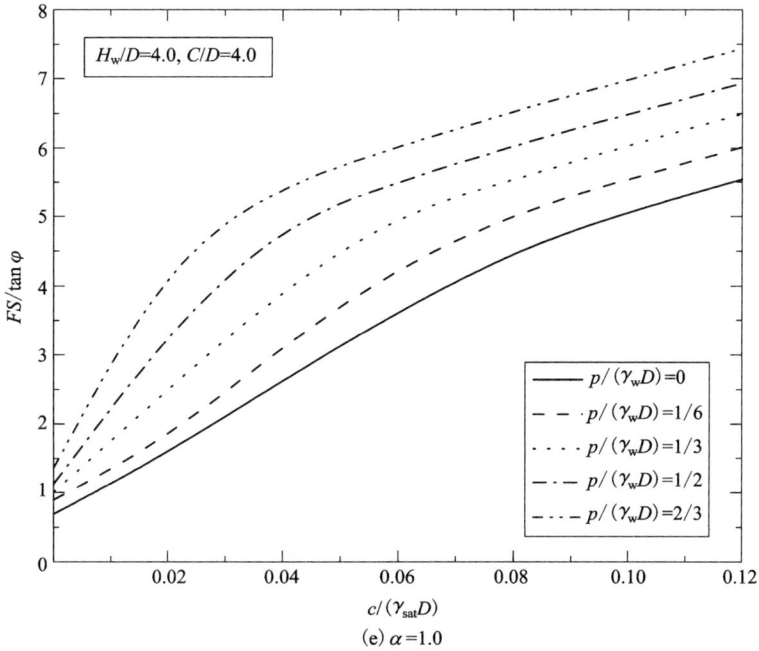

$H_w/D=4.0, C/D=4.0$

$p/(\gamma_w D)=0$
$p/(\gamma_w D)=1/6$
$p/(\gamma_w D)=1/3$
$p/(\gamma_w D)=1/2$
$p/(\gamma_w D)=2/3$

(e) $\alpha=1.0$

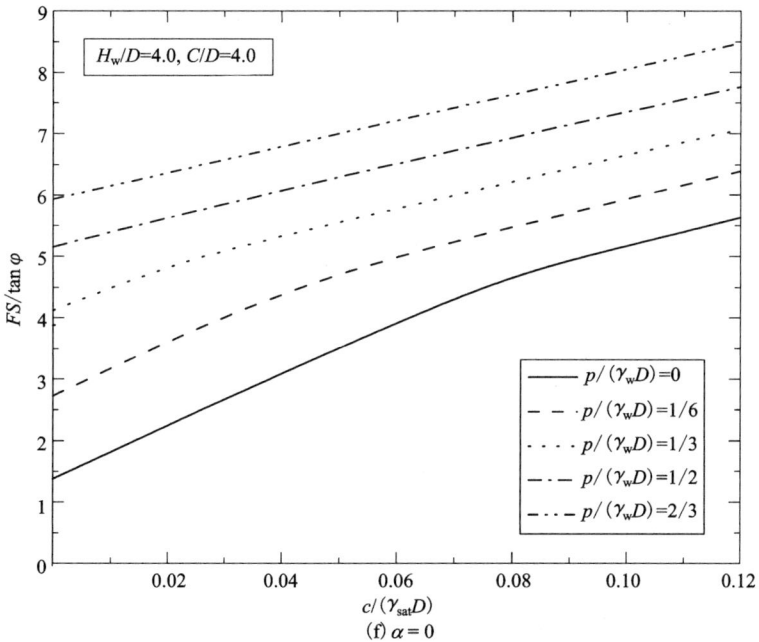

$H_w/D=4.0, C/D=4.0$

$p/(\gamma_w D)=0$
$p/(\gamma_w D)=1/6$
$p/(\gamma_w D)=1/3$
$p/(\gamma_w D)=1/2$
$p/(\gamma_w D)=2/3$

(f) $\alpha=0$

图 6-11　$H_w/D=4.0$ 时安全系数与黏聚力之间的关系

通过比较全泥饼模型($\alpha=0$)和无泥浆渗透区模型($\alpha=1$)的计算结果，发现无泥浆渗透区模型(开挖面前方产生向前的地下水稳态渗流)得到的开挖面安全系数比全泥饼模型(开挖地层无地下水渗流)更小，特别是当黏聚力较小时更加明显。需要注意的是，当黏聚力较小时，这两种模型之间的差异可能会导致相反的隧道开挖面稳定性评估结果。对于全泥饼模型($\alpha=0$)，归一化安全系数 $FS/\tan\varphi$ 和归一化黏聚力 $c/(\gamma_{sat}D)$ 之间呈现明显的非线性，这在 $p/(\gamma_w D)$ 较大时更为明显。此外，对于无泥浆渗透区模型($\alpha=1$)，当 $c/(\gamma_{sat}D)$ 比较小的时候，增加超泥浆压力对开挖面稳定性的改善效果相对较小，随着黏聚力的增大，增加超泥浆压力对维持开挖面稳定性的效果变得更加显著；当 $c/(\gamma_{sat}D)$ 约超过 0.06 时，$FS/\tan\varphi$ 随着 $p/(\gamma_w D)$ 的增大几乎呈线性增大。

对于全泥饼模型($\alpha=0$)，在 $p/(\gamma_w D)$ 较小的情况下，当 $c/(\gamma_{sat}D)$ 相对较小时，隧道开挖面 $FS/\tan\varphi$ 增大得更快，且 H_w/D 越大，$p/(\gamma_w D$ 越小)，$FS/\tan\varphi$ 与 $c/(\gamma_{sat}D)$ 的非线性关系越明显。对于较大的 $p/(\gamma_w D)$，如 $p/(\gamma_w D)=1/2$ 和 $p/(\gamma_w D)=2/3$，$FS/\tan\varphi$ 与 $c/(\gamma_{sat}D)$ 的增大趋势几乎是线性的。此外，还可以看出归一化安全系数 $FS/\tan\varphi$ 随埋深比 C/D 的增大略有增大。

6.6　本章小结

盾构密封舱内超泥浆压力作用于开挖面后，泥浆会向前渗入地层中，在隧道开挖面前方产生超静孔隙水压力。超静孔隙水压力的存在会显著削弱所施加超泥浆压力的支持效果，对开挖面稳定性有很大影响。泥浆入渗过程中会产生三种压力传递机制，即全泥饼、泥浆渗透区和无泥浆渗透区模型。不同的泥浆入渗类型会在开挖地层时产生不同的压力传递机制和不同的孔隙水压力分布，最终影响泥浆压力传递效率和开挖面的稳定性。本章结合空间离散技术和岩土塑性力学极限分析上限理论，构建泥水盾构隧道开挖面安全系数上限解力学模型，量化泥浆压力传递机制的效率，以达到揭示影响开挖面稳定性机理的目的。

应该指出的是，使用折减系数 α 来表征泥饼和泥浆渗透区的压降是为了计算方便而进行的简化。然而，由于刀具切削的存在，工程现场的泥饼和泥浆渗透区的形成过程是动态的，其厚度和性质在开挖地层上是不均匀分布的，动态非均质泥膜对泥浆压力传递和开挖面稳定性的影响机理的研究见本书第 7 章。研究刀具切削作用对开挖面泥膜动态特征及泥浆压力传递机制的影响规律，是泥水盾构隧道开挖面稳定性分析的难点。

第7章

基于动态泥膜的盾构隧道开挖面稳定性上限分析

7.1 引言

第 6 章使用泥膜压降折减系数 α 近似表征泥膜的压力传递，简化了计算，但是忽略了泥膜的非均质性和动态特征，且 α 的取值难以确定。工程现场的泥膜和泥浆渗透区的形成过程是动态的，刀具的周期性切割和短暂的泥浆渗透使得隧道开挖面上形成了一个非均质动态泥膜，其厚度和性质是不均匀分布的[65-66]。

在泥水舱内泥浆压力与地层静水压力差的作用下，泥浆侵入开挖地层形成泥膜，在地层中引起超孔隙水压力，同时将泥浆压力传递给土体颗粒以抵抗地层中的静水压力、超孔隙水压力和土压力，形成泥浆荷载传递机制以维持开挖面的稳定。在泥浆渗透和刀具切削的交互作用下，开挖面上动态泥膜的厚度呈明显的非均匀性分布。图 7-1 的左侧显示了非均质动态泥膜（或泥浆渗透区）的细节图，描绘了一个刚被刀具切割掉的部分泥膜的区块。泥浆的渗透过程，既受刀具切削作用的影响，也反过来影响开挖地层的物理力学性质和地下水渗流过程，最终影响开挖面的稳定性：动态泥膜的厚度和渗透系数及超孔隙水压力分布，是引起开挖地层地下水渗流发生的重要边界条件。在刀具切削作用下，泥水盾构隧道开挖面稳定性是动态变化的，其影响机理十分复杂。要建立可靠的泥水盾构隧道开挖面稳定性评估力学模型，刀具切削、泥浆渗透和地下水渗流三者需要联合分析，不可分离开来。

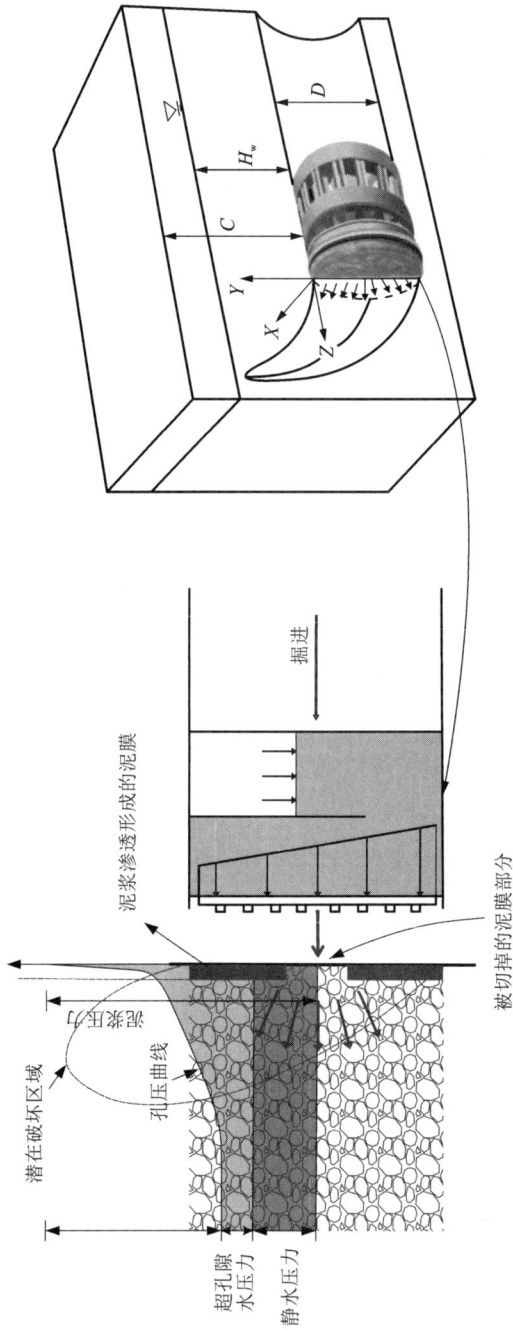

图 7-1 泥水盾构隧道开挖面非均质泥膜示意图

7.2　基于动态泥膜的隧道开挖地层瞬态渗流数值模拟

7.2.1　基于非均质动态泥膜的隧道开挖地层瞬态渗流数值模型

本节建立三维数值模型，以模拟隧道开挖面上动态非均质泥膜渗透区下的瞬态渗流，并且考虑不同刀盘刀具布局的动态切割过程对泥浆压力传递的影响；通过数值计算，模拟泥浆渗透、渗透区渗透系数的时空变化以及超孔隙水压力分布。图 7-2 显示了本章建立的数值模型。隧道埋深 C 和隧道直径 D 均设为 10 m。水位被固定在地表面，土体浮重度设为 $\gamma' = 11$ kN/m^3，膨润土泥浆的重度设为 $\gamma_s = 12$ kN/m^3。超泥浆压力在隧道开挖面上线性分布，在隧道拱顶的最小值记为 p，则在隧道底部的最大值可表示为 $p+(\gamma_s-\gamma_w)D$，其中 γ_w 表示水的重度。模型尺寸在 X、Y 和 Z 方向分别设置为足以消除边界效应的 $6D$、$6D$ 和 $9D$。

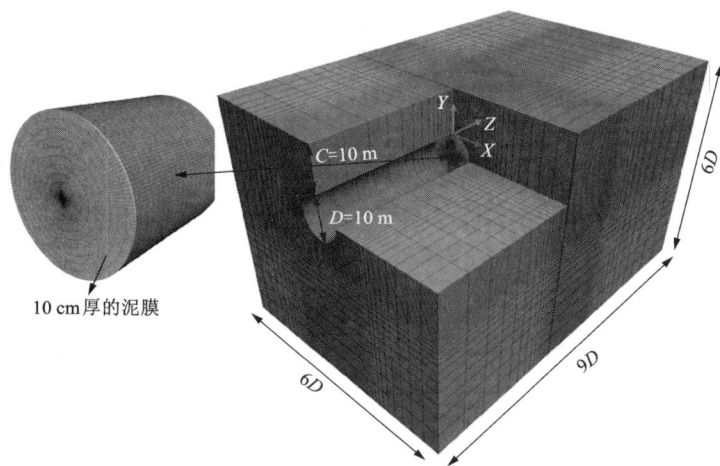

图 7-2　数值模型尺寸示意图

参考 Zizka 等[65]的试验和数值研究，本章在隧道开挖面前也设置了一个厚度为 10 cm 的泥膜区域，并对其进行网格加密，在该区域内对泥浆渗透和刀具切削引起的时空变化的渗透系数进行了模拟。在数值模拟中，采用了以下水力边界条件。隧道衬砌单元设置为不透水，因此渗流仅通过隧道开挖面发生。假设地下水与邻近水源相互贯通,无明显隔水层,地下水位保持恒定。开挖舱室中的恒定超泥浆压力被视为渗流的初始边界条件。假设除泥膜部分以外用于瞬态渗流分析的地层流体模型为各向同性,并忽略渗透系数的各向异性。

随着泥浆颗粒阻塞土骨架孔隙,渗透区的渗透系数会降低。因此,通过在数值模型中分配随时间变化的渗透系数,简化了渗透区的形成。本章考虑了泥浆渗透速度高于盾构机推进速度且泥浆渗透深度小于刀具切削深度的情况,假设每段泥浆渗透区在每次刀具通过后被完全移除,然后再逐渐重新形成。

Zizka 等[65]分析了各种盾构刀盘刀具的分布情况,总结出三种盾构刀盘刀具分布的简化模型,即 S1、P1 和 P2,如图 7-3 所示。本章考虑这三种刀盘模型,其中,S1 代表最简化的单轨道单刀具的情况,P1 和 P2 通过分析实际刀盘布局得到,由外环到内环的区域 1 到区域 3 分别代表三种典型刀具分布特征区域,同一个特征区域中每个轨道上的刀具数量相同且刀具间的间隔相同,由外到内的三个特征区域每个轨道上的刀具数量逐渐减少。

根据刀盘类型,在竖直模型中,将泥膜在径向分成 10 个分块,沿环向分成 16 个分块,以方便对泥膜渗透系数的时空变化进行赋值,形成动态的非均质泥膜。理论上,更密集的分块方案会产生更准确的结果,但会在瞬态渗流分析中产生高计算负担。径向方向的分块表示同心切割,切割轨迹与刀具布局一致。而同一轨迹上的圆周方向的分块表示渗透区形成的离散化。根据每一分块相对于当前刀具的瞬时位置,将从自然土体的渗透系数($k1$)变化到泥浆–土体混合物的渗透系数($k16$)分配给 16 个同心切割轨迹中的分块。图 7-3 中的刀具布局对应于刀盘旋转的初始位置($t=0$)。刀具分布的主要区别体现在每个同心切割轨迹上刀具的数量和位置上。基于一个圆形切割轨迹内切削刀具的数量,每个特征区域被认为是均匀的切割区域(如刀盘 P1 中的区域 1、区域 2 和区域 3)。特征区域之间的区别是在开始挖掘后,两次相邻刀具切割之间的时间间隔不同。不同的分块显示了不同的渗透系数的时空变化特征。在刀盘 P1 中,从外围(即区域 1)到刀盘中心(即区域 3)的刀具数分别为 6、2 和 1,而刀盘 P2 中的刀具数分别为 8、4 和 2。基于初始的刀具布局,为了便于调整由动态切削引起的渗透系数的变化,将刀盘上的分块根据切削刀具的位置进行分组,如图 7-3 左图所示。例如,在刀盘 S1 中被标记为 $k16$ 的分块;刀盘 P1 中区域 1 中被标记为 $k4$ 的分块,区域 2 中被标记为 $k8$ 的分块,区域 3 中被标记为 $k16$ 的分块;以及刀盘 P2 中区域 1 中被标记为 $k2$ 的分块,区域 2 中被标记为 $k4$ 的分块,区

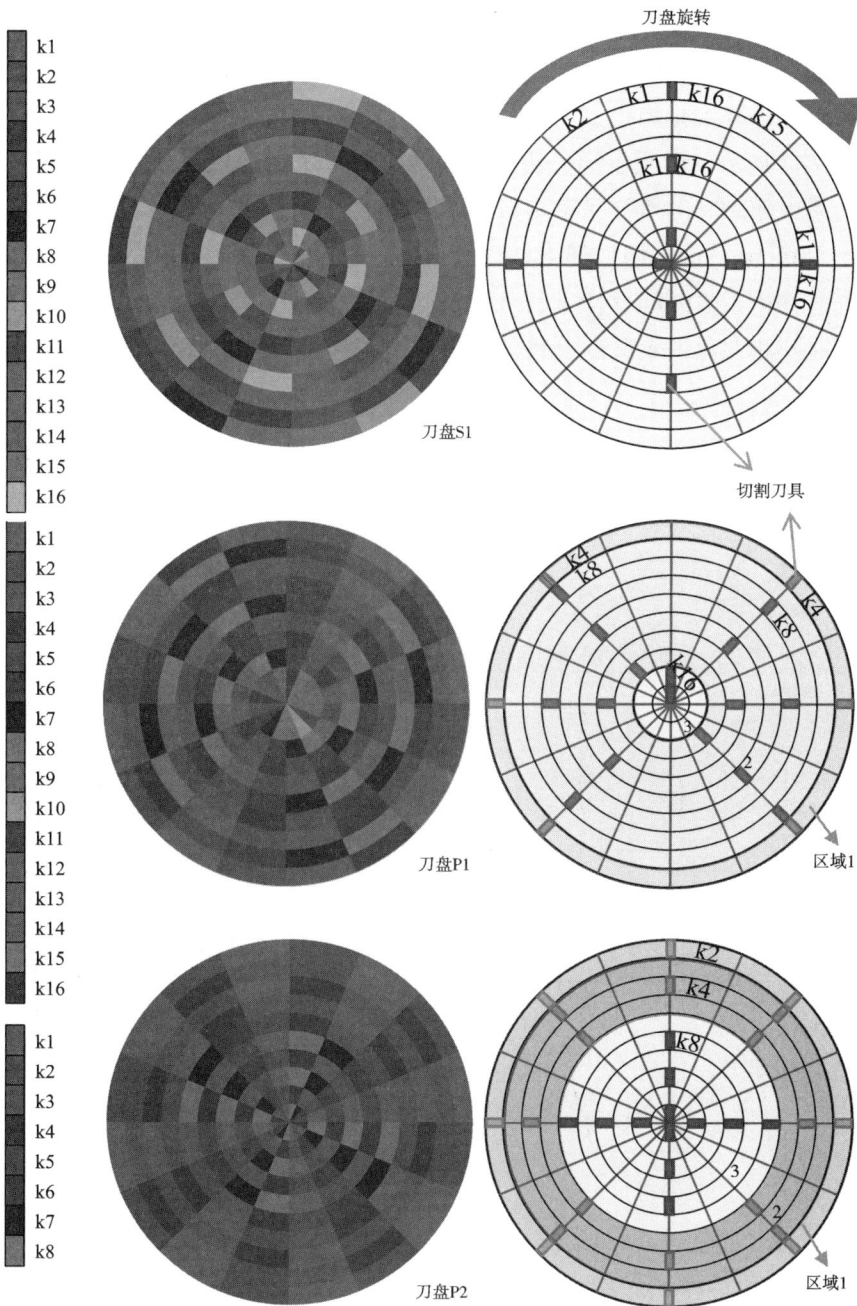

图 7-3　三种简化的刀盘刀具分布模型[65]：

简单布局(刀盘 **S1**) 和实际刀盘布局(刀盘 **P1** 和刀盘 **P2**)

域 3 中被标记为 k8 的分块。这些分块都对应于开始挖掘后即将要被切割的区域。此外，泥浆渗透厚度和渗透过程中的时变渗透系数可以利用本书第 2 章介绍的泥浆渗透柱试验测得。

图 7-4 展示了泥膜不同分块的渗透系数随时间变化的规律。Zizka 等[65]假设渗透系数随时间的增加呈幂指数规律下降。被切割的单元的渗透系数在短时间内从 $1.0×10^{-10}$ m/s 增加到 $1.0×10^{-4}$ m/s，然后在泥膜逐渐恢复的过程中逐渐下降。渗透系数的间歇性重新分配主要基于刀盘旋转时间、切削刀具布局以及定义时间相关渗透系数的幂指数规律。

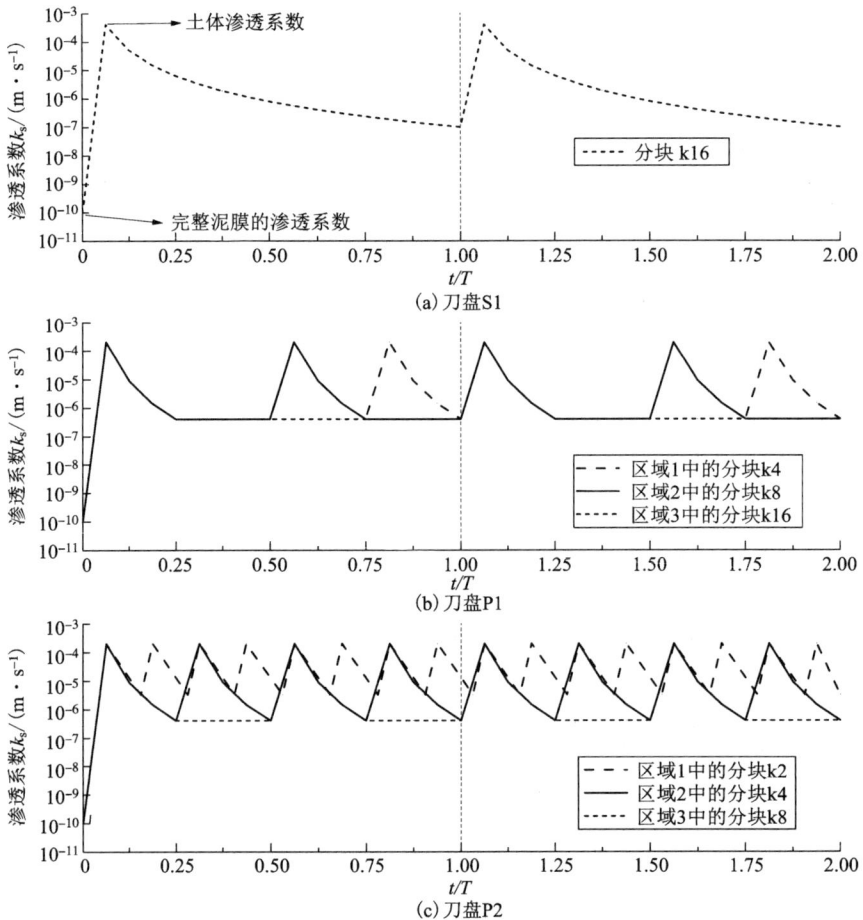

t—刀盘转动时间；T—刀盘转动周期。

图 7-4　刀具切割时非均质泥膜渗透系数时变曲线

本章考虑了从初始停机阶段(形成致密的泥膜, $t/T=0$)到刀盘转动两圈的时间(即 $t/T=2$)的动态开挖过程。当刀盘停止旋转时,泥浆渗透逐渐停滞,隧道前方的超孔隙水压力逐渐消散[55]。由于本章的目的是研究刀盘切割下动态泥膜对泥浆压力传递效率以及开挖面动态稳定性的影响,故为方便建模,对本章所构建的瞬态渗流数值模型进行了一些简化:①该模型采用了一个具有均匀10厘米厚度的泥膜(或渗透区),而实际上在从隧道顶部到隧道底部,尤其是在大直径泥水盾构掘进过程中,泥膜厚度并不均匀;②该模型忽略了地层渗透系数的各向异性,而地层渗透系数的各向异性会影响隧道开挖面稳定性。

在接下来的分析中,将采用给定的三种刀具布局的数值模型进行开挖面稳定性分析。本章分析选择的模型参数如表 7-1 所示。数值模拟得到的瞬态渗流结果将用于隧道开挖面稳定性评估,在极限分许上限法的框架内,泥水盾构隧道开挖面安全系数的具体计算方法见第 6 章 6.3.1 节。

表 7-1　数值模拟中选取的几个参数

刀盘分布	T/s	t/T	$p/(\gamma_w D)$	$c/(\gamma' D)$
刀盘 S1	32			
刀盘 P1	88	$0\sim2$	$0\sim0.6$	$0\sim0.1$
刀盘 P2	88			

7.2.2　盾构隧道开挖面三维泥浆压力传递效率与安全系数

由于超孔隙水压力的存在,盾构施工过程中所施加的泥浆压力对隧道开挖面的稳定性仅起到部分作用。因此,定量评估泥浆压力传递对开挖面稳定性作用的大小具有重要的现实意义,学术界将其定义为泥浆压力传递效率[61,65,77]。Anagnostou 和 Kovári[61]通过对预先确定的楔形体-棱柱体破坏机构中的楔形体内部的渗透力进行积分,得到泥浆压力的总支护效果。Bezuijen 等[55]利用简化一维压力水头公式研究了泥浆压力沿隧道中心轴线的传递,其中采用楔形体-棱柱体模型分析隧道开挖面稳定性且认为压力传递效率只与楔形体内部的孔隙水压力降有关。基于压力舱室内平均超泥浆压力和楔形体斜面上剩余的超泥浆压力，Zizka[65]在考虑泥浆-土体-刀具相互作用和泥浆随时间变化的渗透行为的基础上定义了二维压力传递效率。实际上，泥浆渗透行为在隧道开挖面周围显示出三维特征。例如，通过试验观察[97]和数值模拟[95]，观察到了位于隧道开挖面前方的形状为锥体或球状体的三维渗透区。上述研究使用楔形体-棱柱体模型通常只考虑了隧道开挖面正前方范围内的泥浆渗透，即只有破坏机构下部楔形体内部的泥浆压力传递被认为是有效的，无论是在一维还是在二维条件下。此外，在泥浆压力传递计算中采用的楔形体形状是固定的，忽略了不同泥浆渗透条件下临界破坏机构可能发生的变化，这种简化可能导致对泥浆压力传递效率和开挖面稳定性的估计不准确。

泥浆压力传递效率的评价应与用于评估隧道开挖面稳定性的整个三维破坏机构结合起来。泥浆渗透过程中开挖面前方土体颗粒产生的渗透力是评价压力传递效率的关键。下面将分别介绍上述提到的一维与二维情况下的泥浆压力传递效率，在此基础上提出本章研究框架内定义的三维情况下的泥浆压力传递效率，并将其与一维、二维情况下的解进行对比。

为了量化泥浆压力传递并评估隧道开挖面的稳定性，有必要以合理的方式表达泥浆压力传递的效率和隧道开挖面的安全系数。Bezuijen 等[55]提出了沿隧道中心轴线的超压水头分布的一维计算式，见式(6-5)。在一维情况下，泥浆压力传递效率可定义为

$$e_{pt} = 1 - \varphi / \varphi_0 \qquad (7-1)$$

基于楔形体-棱柱体破坏机构，Zizka 等[65]定义了隧道开挖面上平均超泥浆压力传递量 Δs_{av}(kPa)：

$$\Delta s_{av} = \frac{\sum_i (th_1 - th_{2,i}) \cdot \gamma_w \cdot a_i}{\sum_i a_i} \qquad (7-2)$$

式中：th_1 表示舱室中的总水头(m)；求和指标 i 表示隧道开挖面上的水平离散分块；a_i 代表相应分块的面积；$th_{2,i}$ 表示下部楔形体斜面上的总水头(m)。因此，二维泥浆压力传递效率可表示为[65]

$$e_{pt} = \frac{\Delta s_{av}}{p_{av}} \qquad (7-3)$$

式中：p_{av} 为施加在隧道开挖面上的平均超泥浆压力。与一维形式不同，式(7-3)充分考虑了整个隧道开挖面上的压力传递变化。

　　定义的一维压力传递效率仅关注隧道中心轴线上的压力水头变化，而定义的二维压力传递效率考虑了预定楔形体的斜面与隧道开挖面之间的总水头差异，这两个定义都未包含三维渗流的影响。此外，这两种压力传递效率是从隧道开挖面前方的孔隙水压力(或水头)比率的角度定义的，未能体现出泥浆压力贡献的评估与隧道开挖面的临界破坏机构有关。因此，本章定义了一种新的泥浆压力传递效率。在极限分析的运动学方法框架下，将三维离散旋转破坏机构内的渗透力做功与完整泥膜模型中舱室泥浆压力在隧道开挖面上的做功之比定义为泥浆压力传递效率，即

$$e_{\mathrm{pt}} = \frac{\displaystyle\sum_i \sum_j \left[R_{i,j} \left(F_x \sin\beta_{i,j} + F_z \cos\beta_{i,j} \right) \right]}{\displaystyle\sum_i \sigma_{\mathrm{sp}_i} S_{i,0} R_{i,0} \cos\beta_{i,0}} \tag{7-4}$$

式中：σ_{sp_i} 表示作用在隧道开挖面离散单元 $A_{j+1}A'_{j+1}A'_j-A_j$(见图 4-3a)上的泥浆压力；F_x 和 F_z 分别见式(5-5)和(5-6)。式(7-4)定义的泥浆压力传递效率可考虑泥浆压力在整个三维旋转破坏机构中的贡献。

　　本章提出的基于动态泥膜的泥水盾构隧道开挖面稳定性上限分析的框架流程如图 7-5 所示，其步骤介绍如下。

　　(1)在给定的隧道几何参数下，建立一个包括给定刀具布局、施加的泥浆压力以及表 7-1 中给出的模型参数的数值模型。根据第 3.2.1 节中介绍的方法，修改泥膜分块的渗透系数，对第一个 $T/16$ 时间间隔内的渗流过程进行数值模拟。在数值模拟的第一个 $T/16$ 时间间隔结束时，保存瞬态渗流场，包括网格点位置和相应的孔隙水压。

　　(2)瞬态渗流的数值模拟结果被用来插值得到三维离散旋转破坏机构上每个离散点的孔隙水压，并计算渗透力的贡献。随后根据功能平衡方程求解临界虚拟支护力 σ_c 的下限估计值。优化涉及两个几何参数，即 β_E 和 r_E/D，这些参数定义了三维旋转破坏机构的几何形状。优化过程中，这两个几何参数应遵循约束条件：$0 < \beta_E < 90°$ 和 $r_E/D > 0.5$。

　　(3)使用极限分析的运动学方法计算刀盘每转 1/16 圈时的开挖面安全系数。安全系数的求解采用二分法，分别定义两个初始安全系数上、下限(FS_1 和 FS_2)来表示初始的不安全状态与安全状态。然后，计算临界虚拟支护力 σ_c 作为当前状态是否安全的判定条件以更新安全系数上、下限，直到两者之间的差值达到 1×10^{-3} 的精度，最终求解得到第 i 个 $T/16$ 时间($i=1, 2, 3\cdots$)的安全系

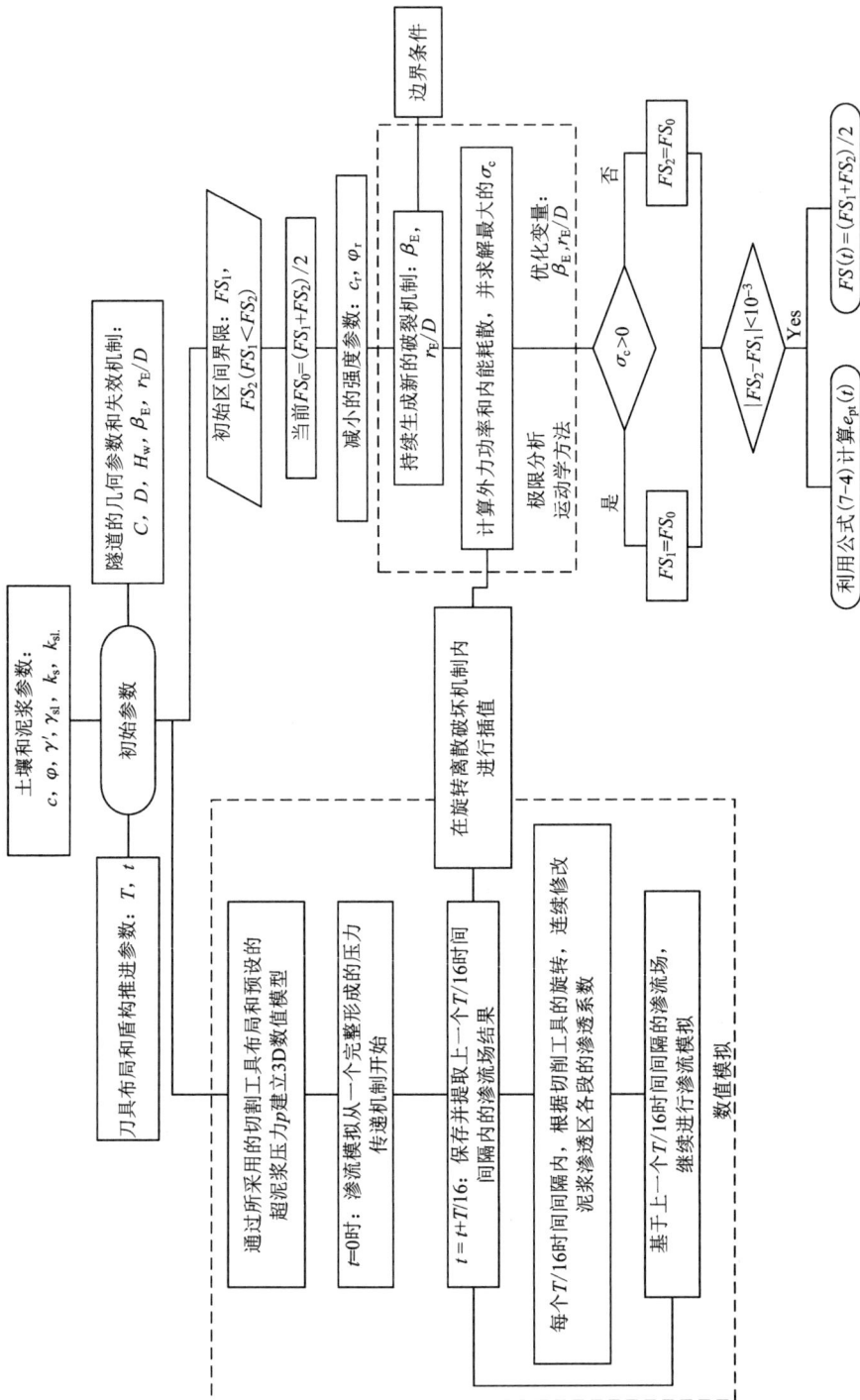

图7-5 基于动态泥膜的盾构隧道开挖面稳定性上限分析流程图

数，表示为 $FS(t)$。同时利用式(7-4)结合临界三维旋转破坏机构计算泥浆压力传递效率，记为 $e_{pt}(t)$。

(4)通过修改泥浆渗透区各段的渗透系数，连续模拟第 i 个 $T/16$ 时段的渗流，利用数值模拟计算得到的渗流结果在第 i 个 $T/16$ 时段结束时连续保存。

(5)重复步骤(2)、(3)、(4)，在第 i 个 $T/16$ 时段结束时计算隧道开挖面安全系数 $FS(t+T/16)$ 和泥浆压力传递效率 $e_{pt}(t+T/16)$。一直持续这个过程，直到 t/T 超过 2.0。

7.3　隧道开挖地层瞬态渗流计算结果

本节讨论瞬态渗流的数值模拟结果。图 7-6 到图 7-8 描绘了三种刀盘分布情况下渗透区与地层交界面上的超孔隙水压力分布，其中分别考虑了三个不同刀盘旋转时间(顺时针旋转，$t/T = 1/8$、$1/2$、1)的情况。图中也标识了刀具的当前位置以区分不同泥膜分块。由于刀盘的动态切割，超孔隙水压力呈现出显著的时空变化。通过观察图 7-6 到图 7-8，可以发现几个明显的特征：

(1)总体而言，由于在 TBM 舱室中的超泥浆压力为线性分布，越靠近隧道开挖面底部，界面上的超孔隙水压力越大，尤其是在 $t/T \geqslant 1/2$ 时更为明显。

(2)在每个图中水平方向上观察三个子图，可以发现超孔隙水压力会随着刀盘旋转的开始而逐渐增加。在每个图中竖直方向上观察两个子图，可以发现在相同的刀具布置和挖掘时间下，尽管在舱室中施加了不同的超泥浆压力[例如，$p/(\gamma_w D) = 0.2$ 或 0.4]，但泥膜末端界面上的超孔隙水压力显示出相似的分布模式。

(3)在刚被切割的分块和即将切割的分块之间，超孔隙水压力出现突变。刚切割的分块中的超孔隙水压力明显高于即将切割的分块。这是由于去除泥膜后泥浆及时渗入地层的缘故。

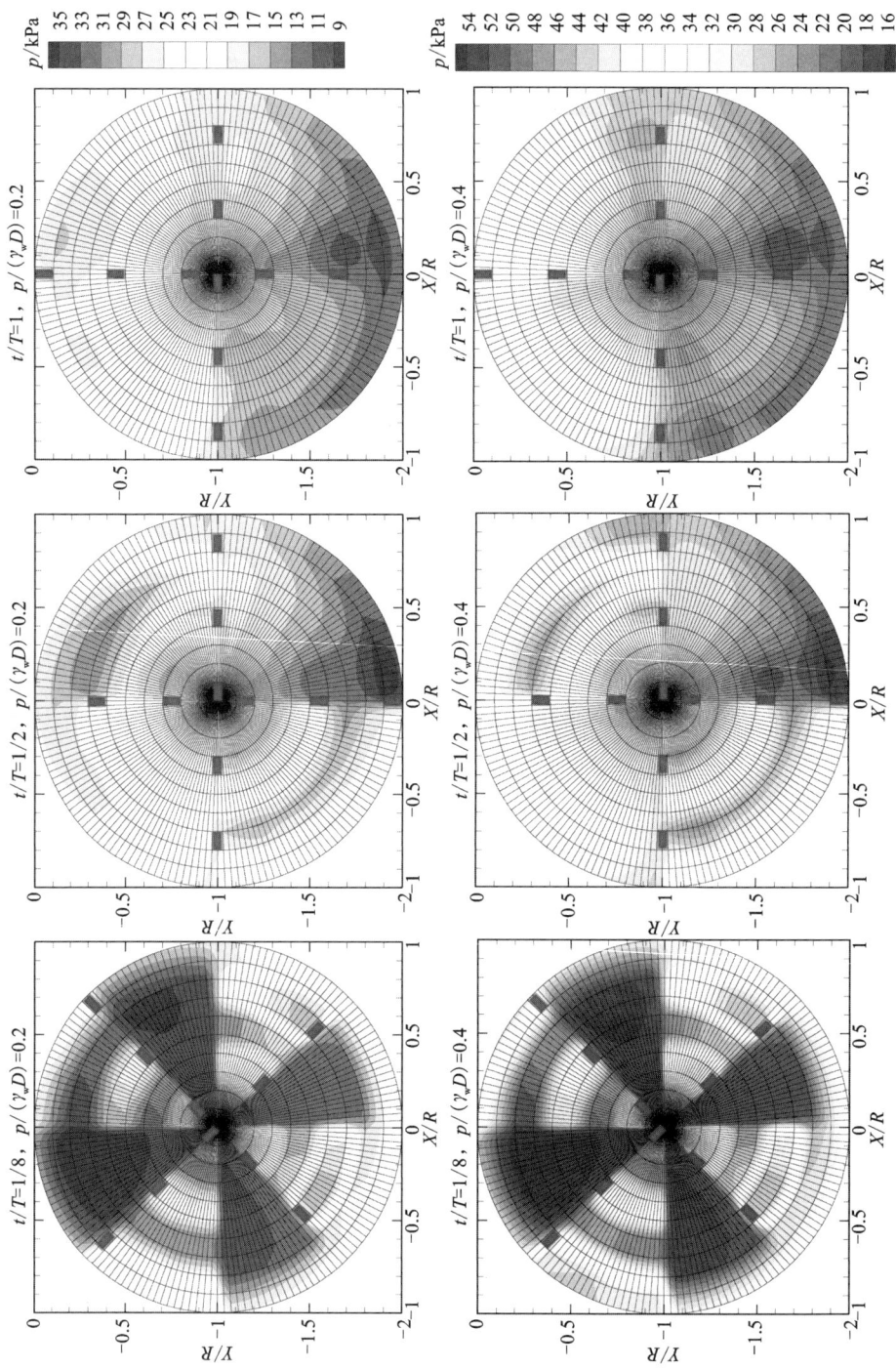

图7-6 S1对应的动态泥膜与土体界面处的超孔隙水压力分布

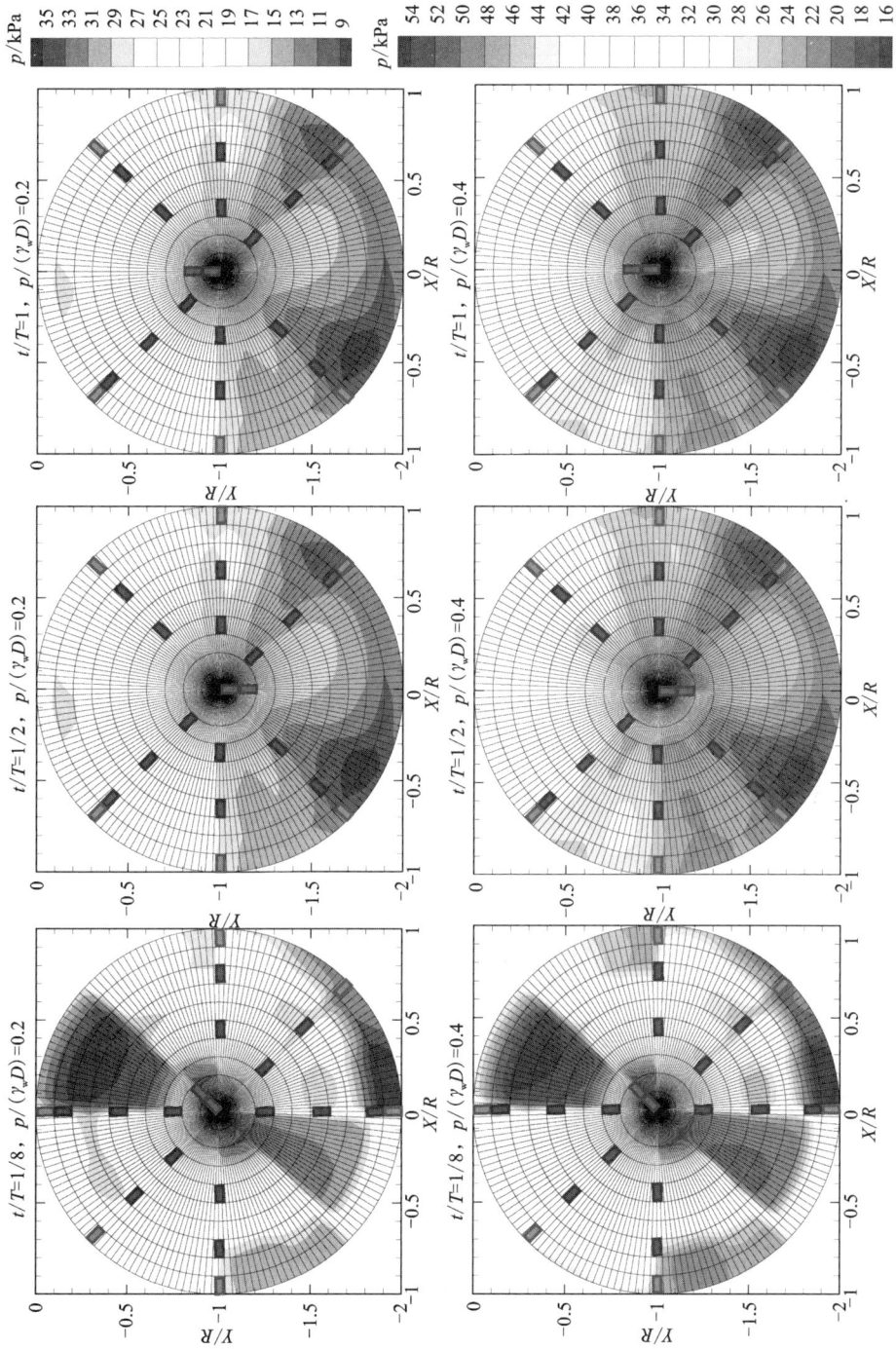

图7-7　P1 对应的动态泥膜与土体界面处的超孔隙水压力分布

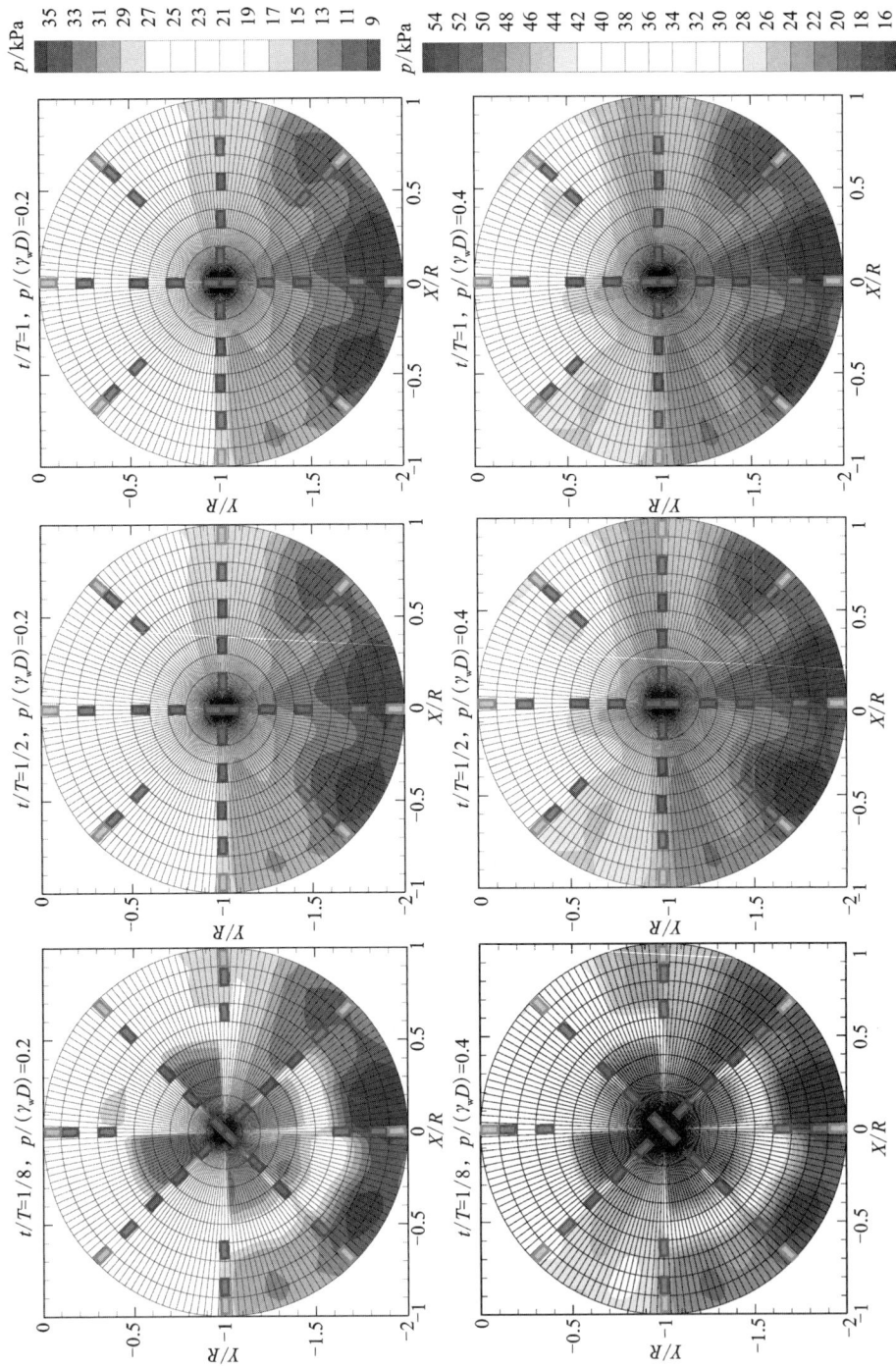

图7-8 P2对应的动态泥膜与土体界面处的超孔隙水压力分布

(4)在相同的舱室泥浆压力下，刀具布置对超孔隙水压力分布有很大影响。可以发现，在相同的刀盘旋转时间下，每个轨道上，只有一个刀具的简单刀盘 S1 的超孔隙水压力比实际刀盘 P1 和刀盘 P2 的明显要低，而后两种情况有更多的切削刀具。例如，在刀盘 S1 的 $t/T = 1/8$ 和 $p/(\gamma_w D) = 0.2$ 条件下，界面上超孔隙水压力的平均值为 15.7 kPa，比刀盘 P1 和刀盘 P2 分别低了 33.1% 和 59.1%。这是因为在刀盘 S1 下，刀具对动态泥浆渗透区形成过程的干扰较小，泥浆渗透区的非均质性和时空变化较弱，泥膜相对更完整，有效泥浆压力在泥膜部分传递的比例更大。

7.4 对比验证

7.4.1 隧道中心轴线上的压降对比

本节将对隧道中心轴线上的超泥浆压力分布与之前的研究进行比较。图 7-9 绘制了在 $t/T = 1.5$ 时沿隧道中心轴线的超泥浆压力下降的比较图，其中舱室中超泥浆压力的百分比被绘制为隧道半径 R 归一化的前进距离 Z 的函数。本节考虑了两种 TBM 舱室中超泥浆压力的情况，分别为 $p/(\gamma_w D) = 0.05$ 和 0.20，这与 Zizka 等[65] 研究中的超泥浆压力配置相当。同时，本节还对比 Bezuijen 等[55] 的稳态流模型和 Zizka 等[65] 提供的刀盘 P1 和刀盘 P2 的结果。在本研究和 Zizka 等[65] 的研究中，可以观察到在泥膜范围内存在线性的压降。当超过泥膜范围后，超泥浆压力的百分比会以非线性减小，并在 Z/R 超过约 2.0 时趋于稳定。然而，本研究中的压降一般要比 Zizka 等[65] 的研究结果低 10% 左右，尤其是在泥浆渗透区。这些差异可能是由于本研究中舱室内超泥浆压力为线性分布，而 Zizka 等[65] 的研究中则是均匀分布。

Bezuijen 等[55] 提出的稳态流模型中没有考虑到泥浆渗透区，超泥浆压力的百分比与 Z/R 非线性地减小，并在 Z/R 大于 0.5 后与本研究提供的结果相吻合。此外，超孔隙水压力 TBM 舱室内的超泥浆压力大小对沿隧道中心轴线的超孔隙水压力分布百分比影响很小，这与图 7-7 中观察到的情况相似。泥浆渗透速度也可以在数值模拟结果中部分体现。本研究发现在靠近隧道开挖面的地方,超孔隙水压力迅速减小,随着与隧道开挖面距离的增加,减小速率变得越来越慢。在此过程中,越来越多的超泥浆压力转移到了有效的支护力上。这可能部分反映了渗透过程中泥浆渗透速度的减小趋势。

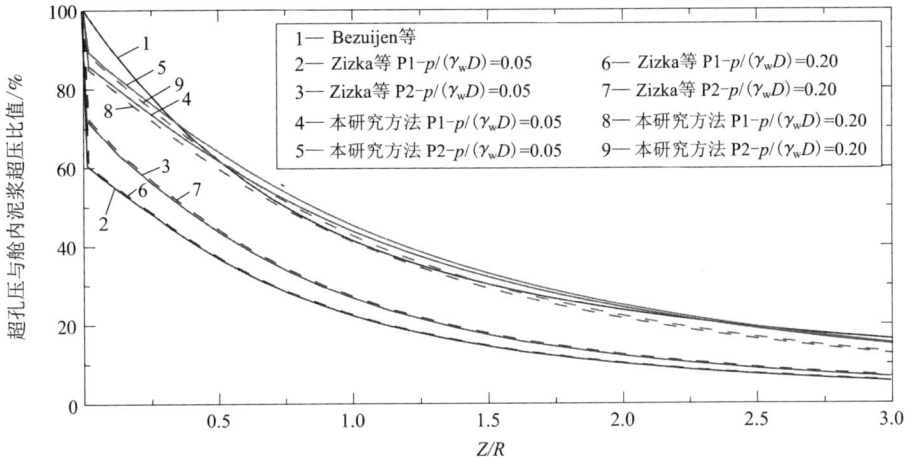

图7-9　刀盘 P1 和刀盘 P2 沿隧道中心轴线的超泥浆压力百分比

7.4.2　泥浆压力传递效率对比

　　本节将计算得到的泥浆压力传递效率与 Bezuijen 等[55] 和 Zizka 等[65] 的研究结果进行比较。表 7-2 展示了本研究以及 Bezuijen 等[55] 和 Zizka 等[65] 对压力传递效率的计算结果,考虑了三种切削刀具布局的情况。由于 Bezuijen 等[55] 提出的一维解决方案不涉及动态泥膜,因此三种切削刀具布局的压力传递效率相同。本研究得出的三维压力传递效率结果介于 Bezuijen 等[55] 提供的一维解决方案和 Zizka 等[65] 提供的二维解决方案之间。与 Zizka 等[65] 相比,本研究中定义的三维泥浆压力传递效率是基于隧道开挖面前方三维离散旋转破坏机构中渗透力功率的贡献,其速度场与在模型试验和数值模拟中观察到的隧道开挖面周围的土体运动特征一致。因此,本研究所提出的方法有效地量化了舱内泥浆压力在稳定隧道开挖面方面的实际贡献。

表 7-2　压力传递效率结果$[p/(\gamma_w D)=0.2, c=0\ kPa\ 且\ \varphi=35°]$

情况	Bezuijen 等[55]的研究	Zizka 等[65]的研究	本研究
S1	32.0%	70.3%	46.1%
P1	32.0%	66.3%	35.1%
P2	32.0%	58.7%	32.7%

此外，值得注意的是，本研究和 Zizka 等[65]提供的压力传递效率随着刀具的分布密度的增大而降低(即从刀盘 S1 变化到刀盘 P2)。这可能是因为随着TBM 刀盘上切削刀具的增加，刀具对形成泥膜的干扰变得更加严重，从而进一步削弱了泥浆压力传递到隧道开挖面前方地层的过程。

为了更深入地了解压力传递的过程，图 7-10 绘制了三种切削刀具布局的临界三维旋转破坏机构。可以发现，刀盘 S1 的临界三维旋转破坏机构比刀盘P1 和刀盘 P2 的范围更大，而刀盘 P1 和刀盘 P2 的临界破坏机构的范围相似。相对应的，三种情况的压力传递效率的变化规律与临界破坏机构范围的变化规律相似，具体为：刀盘 P1 的压力传递效率为 35.1%，刀盘 P2 的压力传递效率为 32.7%，而刀盘 S1 的压力传递效率为 46.1%，刀盘 S1 的压力传递效率较高于刀盘 P1 和刀盘 P2。

7.4.3　安全系数对比

本节将计算的隧道开挖面安全系数与 Zizka[98]的研究结果进行比较。表 7-3 列出了本研究和 Zizka[98]的研究在 $t/T=1.5$ 时两种切削刀具布局情况对应的安全系数。可以发现，本研究得到的安全系数高于 Zizka[98]研究的结果。这种差异可以归因于以下原因：①本研究的安全系数是在极限分析上限定理的框架下，利用三维旋转破坏机构与强度折减法计算的，而 Zizka[98]的安全系数是基于极限平衡框架，计算整个隧道开挖面上传递的平均压力与开挖面所承受平均土压力之间的比值；②本研究中盾构泥水舱室内超泥浆压力是线性分布，而 Zizka[98]假设其是均匀分布；③本研究考虑了整个三维旋转破坏机构中的超泥浆压力传递，而 Zizka[98]仅考虑了破坏机构下半部分楔形体中的超泥浆压力传递，从而得到了更保守的结果。

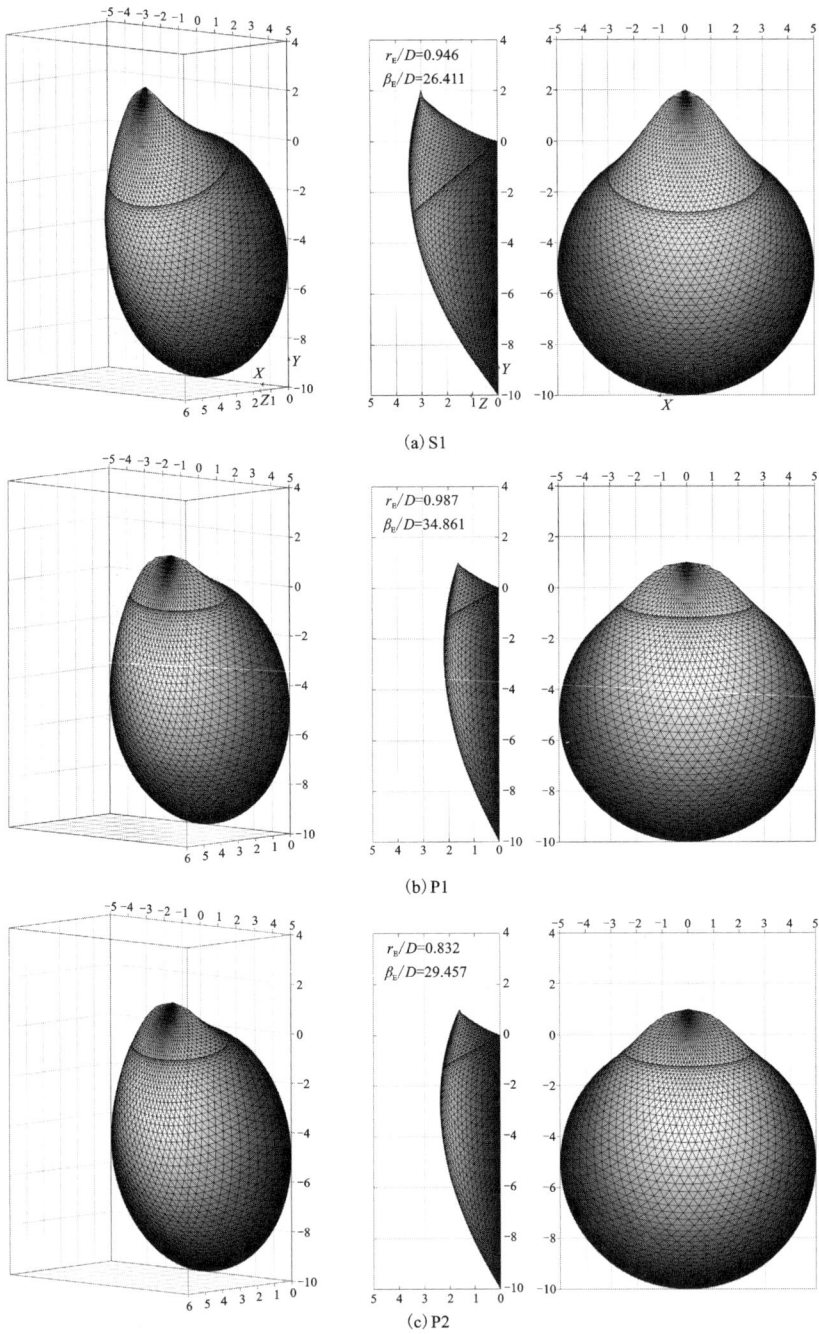

(a) S1

(b) P1

(c) P2

图 7-10　泥水盾构隧道开挖面三维旋转破坏机构

表 7-3　本研究与 Zizka[98]研究的安全系数对比分析 $[p/(\gamma_w D)=0.6$ 且 $c=0$ kPa$]$

情况	φ	Zizka[98]的研究	本研究
P1	30°	1.30	2.06
	35°	1.58	2.48
P2	30°	1.16	1.64
	35°	1.39	1.98

7.5　考虑刀盘切割的隧道开挖面稳定性结果

7.5.1　隧道开挖面安全系数随刀盘切割时间的变化规律

图 7-11 针对三种刀盘布局绘制了归一化安全系数 FS 随归一化刀盘旋转时间 t/T 的变化情况。计算参数设置为：$p/(\gamma_w D)=0.2$ 或 0.4，$c/(\gamma' D)=0$ 或 0.04，$\varphi=30°$。可以观察到，安全系数在开挖的初始阶段 $(0<t/T<3/8)$ 迅速下降。在这个阶段 TBM 刀盘开始旋转并破坏完整泥膜，最终在 $t/T=3/4$ 时降至稳定值，此为动态平衡状态。例如，图 7-11(a)中显示，与开挖开始时的安全系数相比，针对刀盘 S1 在 $t/T=1/8$ 时计算得到的安全系数下降了 35.6%，在 $t/T=2.0$ 时下降了 47.5%，而在刀盘 P1 中分别下降了 44.3% 和 52.9%，在刀盘 P2 中下降了 49.8% 和 57.8%。这表明在开挖开始时的超泥浆压力下，最初稳定的隧道开挖面在经历一段开挖时间后可能会逐渐转变为不安全状态。

对于这三种刀盘布局，刀盘 S1 拥有最少的刀具，提供了最高的安全系数；而刀盘 P2 拥有最多的刀具，但提供了最低的安全系数。这与在三种刀盘布局下得到的压力传递效率的结果一致。刀盘 P2 在 TBM 开挖开始时更容易受到刀具切削扰动。在刀盘 P2 中，刀具切削破坏动态泥膜对超泥浆压力传递产生了最不利的影响，尤其是在刀盘旋转的早期阶段。

图 7-11 中也绘制了第 6 章提出的稳态渗流模型的计算结果，其中 $\alpha(0\leqslant\alpha\leqslant1)$ 是压降折减系数，表示经过动态泥膜中压降后泥膜末端剩余的超泥浆压力的比例。$\alpha=0$ 对应于经典的完整泥膜模型，具有 100% 的超泥浆压力传递效

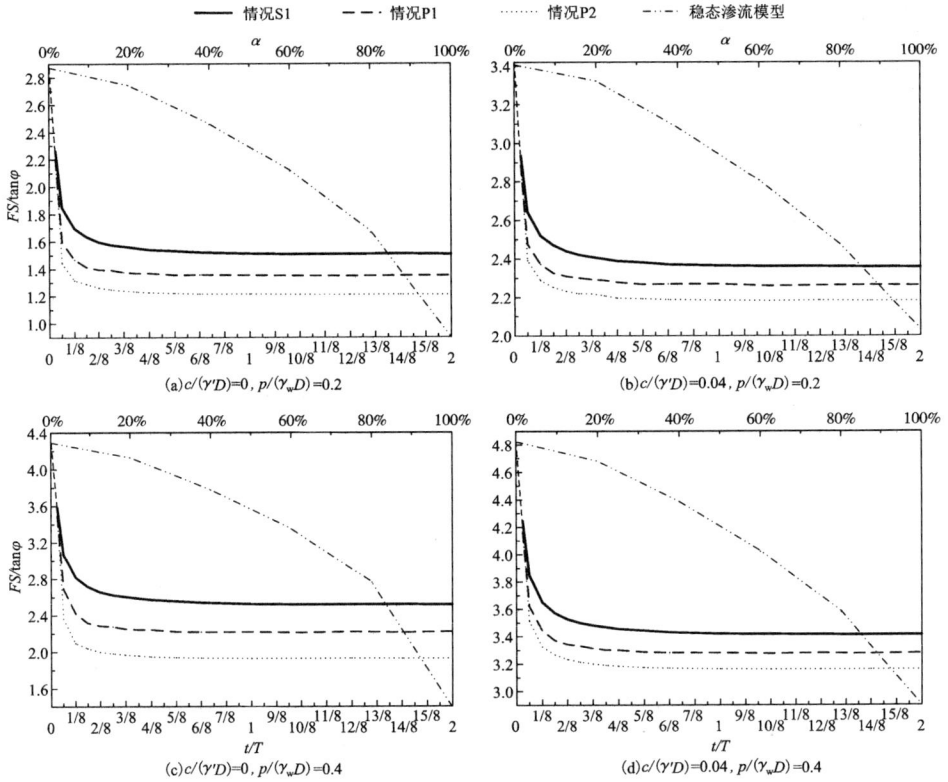

图 7-11　归一化 $FS/\tan\varphi$ 随归一化旋转时间 t/T 的变化

率和最大的安全系数。$\alpha=1$ 对应于无泥浆渗透区纯地下水稳态渗流模型,其中舱室超泥浆压力仅通过地下水渗流传递,导致最低的泥浆压力传递效率以及最小的安全系数。本研究旨在考虑瞬态泥浆渗透和动态切削刀具,以反映出泥浆压力传递到隧道开挖面的真实情况,即考虑动态泥浆渗透区和前向地下水渗流的综合贡献。在刀盘旋转切削过程中,动态泥膜不断被破坏,压降在动态泥膜内的比例减小。因此,隧道开挖面安全系数从初始状态(接近完整泥膜)逐渐降低到无泥浆渗透区纯地下水稳态渗流模型的安全系数。在刀盘开始旋转时,三种切削刀具布局的安全系数迅速降低到与稳态渗流模型曲线中 $\alpha\approx50\%$ 状态大致对应的值;而在动态平衡状态下的最终稳定安全系数大致对应于稳态渗流模型中的 $\alpha\approx80\%\sim90\%$ 状态。根据图 7-11,可以发现当 α 取值大于 90% 时,相较于具有非均质动态泥膜的瞬态渗流模型，无泥浆渗透区纯地下水稳态渗流模型通常提供更保守的解决方案。由上述分析可以得出结论，受连续刀具切削的动态泥浆渗透区在稳定隧道开挖面和有效传递 TBM 舱室中的泥浆压力方面起着重要作用。相较于完整泥膜模型和无泥浆渗透区纯地下水稳态渗流模型，将瞬态渗流和动态泥浆渗透区的效应结合起来，可以获得更真实的隧道开挖面安全系数估计。

7.5.2　泥浆压力对隧道开挖面安全系数的影响

图 7-12 显示了随着归一化超泥浆压力 $p/(\gamma_w D)$ 的变化，三种切削刀具布局的归一化安全系数的变化情况。如预期所示，超泥浆压力越大，隧道开挖面的安全系数就越高，安全系数几乎与施加在 TBM 舱室中的超泥浆压力呈线性关系。这表明增加舱室内的超压是稳定隧道开挖面的有效措施。然而，正如 5.4 节中的分析，过度增加泥浆压力可能会导致水力劈裂事故。与之前的分析

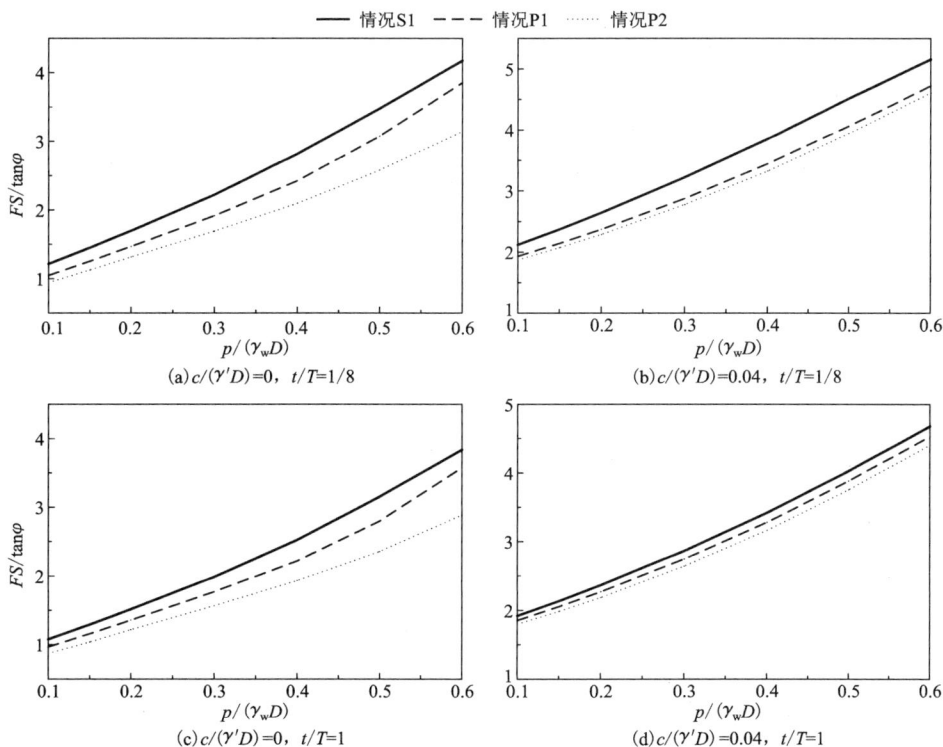

图 7-12　归一化安全系数随归一化超泥浆压力的变化

类似，刀具最少的刀盘 S1 在三种切削刀具布局中是最安全的，而刀具最多的刀盘 P2，其隧道开挖面的安全系数最小。因此，减少 TBM 刀盘上的切削刀具数量有助于提高泥浆压力传递效率和维持隧道开挖面稳定。

7.5.3　设计图表

综上所述，本章计算的安全系数是隧道几何形状、土体特性、超泥浆压力、切削刀具布局和刀盘旋转速度的函数。基于三种切削刀具布局，图 7-13 到图 7-15 绘制了刀具旋转切削过程中归一化安全系数与归一化黏聚力的关系设计图，可为不同土体抗剪强度参数下掘进的泥水盾构舱室中的超泥浆压力设置提供参考。归一化的旋转时间限制在 $t/T=1$ 范围内，超过此时间，安全系数通常接近动态平衡状态，如图 7-11 所示。可以发现归一化的安全系数几乎与归

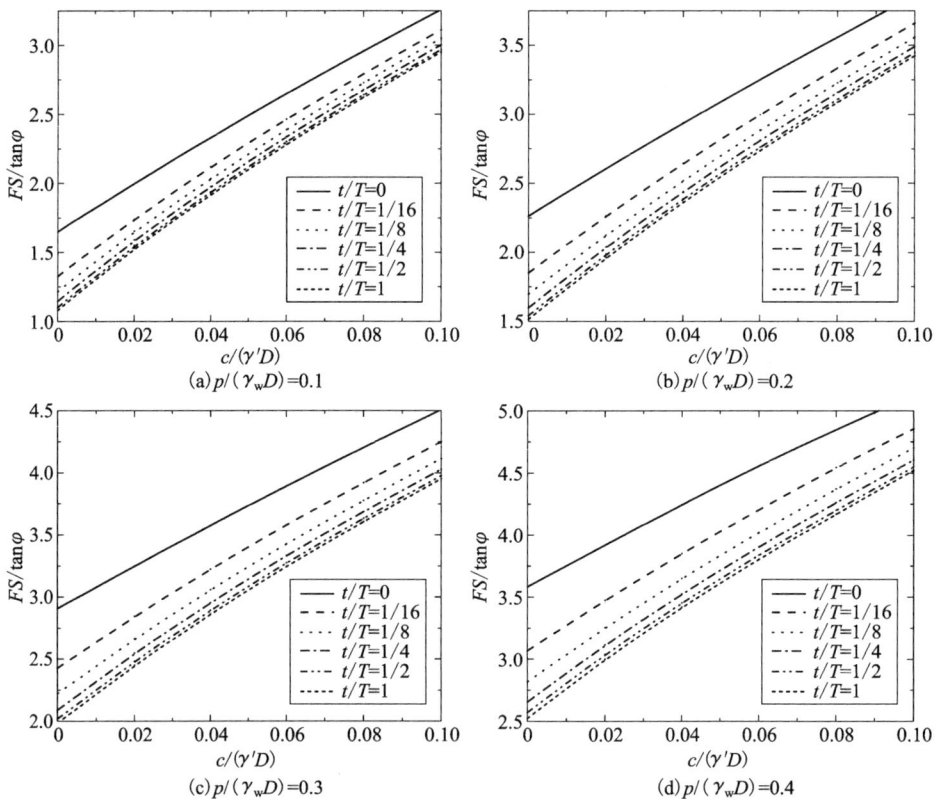

图 7-13　刀盘 S1 的安全系数设计图

一化黏聚力的增加呈线性关系。当 $p/(\gamma_w D) = 0.1$ 并且 $t/T = 1$ 时，与 $c = 0$ 条件相比，在刀盘 S1 中 $c/(\gamma' D) = 0.1$ 的归一化安全系数增大了 2.7 倍，在刀盘 P1 中增大了 3.1 倍，在刀盘 P2 中增大了 3.3 倍。建议参考达到动态平衡状态的安全系数来选择泥浆压力，这将比使用经典的完整泥膜模型或无泥浆渗透区纯地下水稳态渗流模型更符合实际。

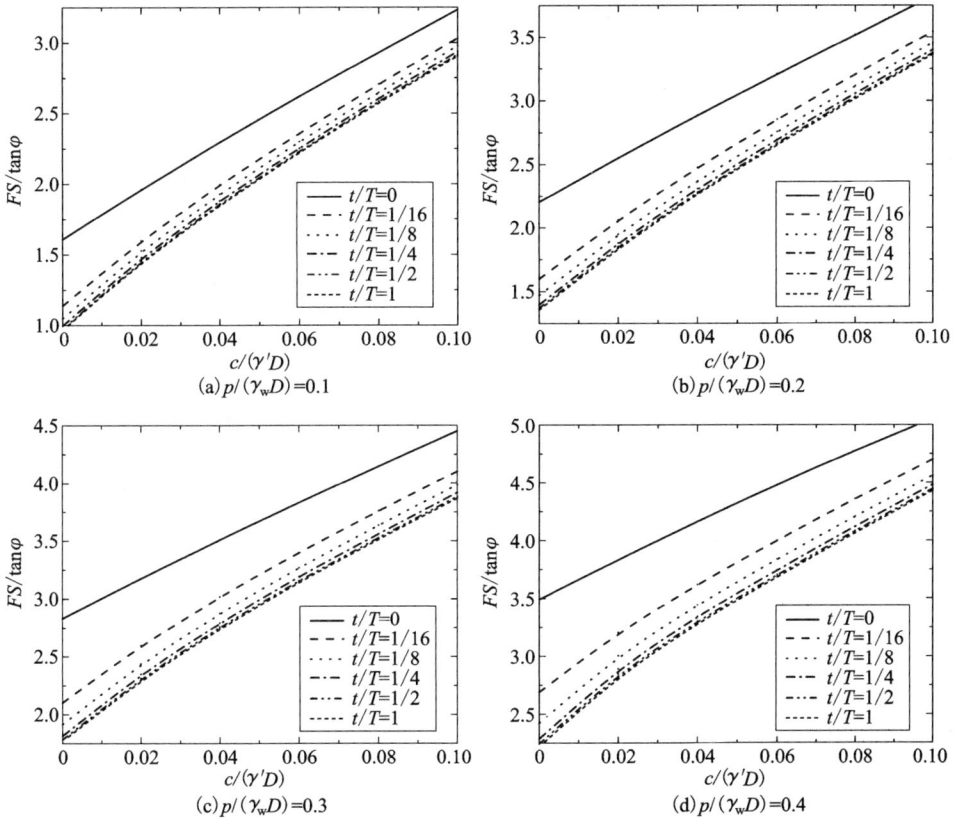

(a) $p/(\gamma_w D) = 0.1$

(b) $p/(\gamma_w D) = 0.2$

(c) $p/(\gamma_w D) = 0.3$

(d) $p/(\gamma_w D) = 0.4$

图 7-14　刀盘 P1 的安全系数设计图

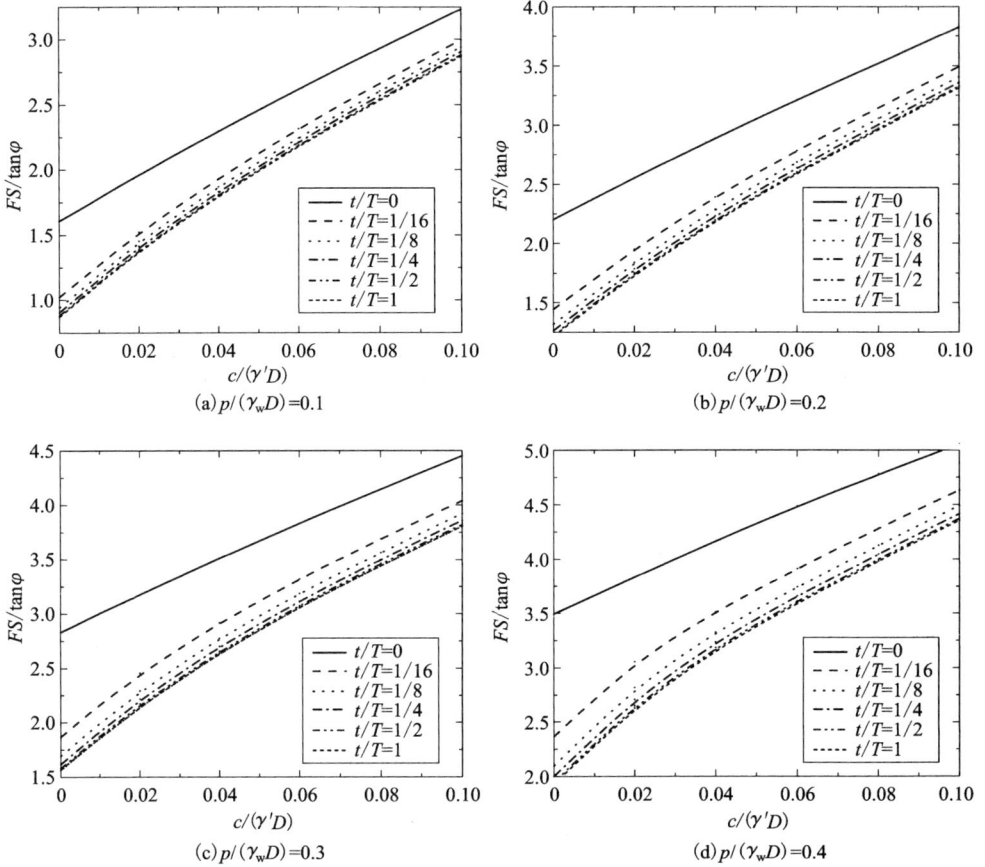

(a) $p/(\gamma_w D)=0.1$

(b) $p/(\gamma_w D)=0.2$

(c) $p/(\gamma_w D)=0.3$

(d) $p/(\gamma_w D)=0.4$

图 7-15　刀盘 P2 的安全系数设计图

7.6　本章小结

　　本章考虑刀具周期性切削作用下的非均质动态泥膜和瞬态泥浆渗透影响，评估了随时间变化的泥浆压力传递效率和隧道开挖面安全系数。首先，建立包含非均质动态泥膜的三维隧道开挖数值模型，在瞬态渗流的模拟过程中赋以泥膜部分时空变化的渗透系数，以此来模拟刀具切削对非均质动态泥膜的影响；然后，不断将数值模拟获得的瞬态渗流结果引入三维离散破坏机构的功率计算中,用于量化泥浆压力传递效率和隧道开挖面安全系数;之后,将计算结果与先前的研究中的实际案例进行了对比,分别对比了开挖面前方压降、压力传递效率和隧道开挖面安全系数的结果;最后,探究了刀盘旋转时间和超泥浆压力对隧道开挖面安全系数的影响。

参考文献

[1] Broere W. Urban underground space：Solving the problems of today's cities［J］. Tunnelling and Underground Space Technology, 2016, 55：245-248.

[2] 吴煊鹏, 乐贵平, 江玉生. 中国盾构工程科技新进展［M］. 北京：人民交通出版社, 2019.

[3] 王树英, 傅金阳, 张聪, 等. 盾构隧道工程［M］. 长沙：中南大学出版社, 2022.

[4] 袁大军, 沈翔, 刘学彦, 等. 泥水盾构开挖面稳定性研究［J］. 中国公路学报, 2017, 30(8), 24-37.

[5] Fritz P, Hermanns S, HeinzA. Modified bentonite slurries for slurry shields in highly permeable soils［C］. 4th International Symposium Geotechnical Aspects of Underground Construction in Soft Ground. Toulouse, France：2002.

[6] 傅春兰, 璩继立. 隧道地表塌陷事故的预防及处理措施［J］. 山西建筑, 2009, 35(28)：290-291.

[7] 秦建设. 盾构隧道施工中开挖面失稳事故分析［J］. 浙江建筑, 2005(S1)：59-61, 65.

[8] 张亚洲, 朱伟, 陈健, 等. 膨胀土地层泥水盾构停机时开挖面破坏原因及防治措施研究——以扬州瘦西湖隧道工程为例［J］. 隧道建设, 2016, 36(5)：549-555.

[9] 钱七虎, 陈健. 大直径盾构掘进风险分析及对特大直径盾构挑战的思考［J］. 隧道建设（中英文）, 2021, 41(2)：157-164.

[10] 代洪波, 季玉国. 我国大直径盾构隧道数据统计及综合技术现状与展望［J］. 隧道建设（中英文）, 2022, 42(5)：757-783.

[11] 王树英, 刘朋飞, 胡钦鑫, 等. 盾构隧道渣土改良理论与技术研究综述［J］. 中国公路学报, 2020, 33(5)：8-34.

[12] 王洪新, 傅德明. 土压平衡盾构平衡控制理论及试验研究［J］. 土木工程学报, 2007, (5)：61-68, 110.

［13］朱伟，钱勇进，王璐，等.土压平衡盾构不满舱施工遇到的问题及对策［J］.中国公路学报，2020，33（12）：224-234.

［14］竺维彬，钟长平，黄威然，等.盾构掘进辅助气压平衡的关键技术研究［J］.现代隧道技术，2017，54（1）：1-8.

［15］何川，封坤，方勇.盾构法修建地铁隧道的技术现状与展望［J］.西南交通大学学报，2015，50（1）：97-109.

［16］朱伟，钱勇进，闵凡路，等.中国泥水盾构使用现状及若干问题［J］.隧道建设（中英文），2019，39（5）：724-735.

［17］Chambon P，CorteJ. Shallow tunnels in cohesionless soil：stability of tunnel face［J］. Journal of Geotechnical Engineering，1994：120（7）：1148-1165.

［18］Takano D，Otani J，Nagatani H，et al. Application of x-ray CT on boundary value problems in geotechnical engineering：research on tunnel face failure［C］. In GeoCongress 2006：Geotechnical Engineering in the Information Technology：1-6.

［19］Kirsch A. Experimental investigation of the face stability of shallow tunnels in sand［J］. Acta Geotechnica，2010，5（1）：43-62.

［20］Kamata H，Mashimo H. Centrifuge model test of tunnel face reinforcement by bolting［J］. Tunnelling and Underground Space Technology，2003，18（2）：205-212.

［21］Idinger G，Aklik P，Wu W，et al. Centrifuge model test on the face stability of shallow tunnel［J］. Acta Geotechnica，2011，6（2）：105-117.

［22］Berthoz N，Branque D，Subrin D，et al. Face failure in homogeneous and stratified soft ground：Theoretical and experimental approaches on 1g EPBS reduced scale model［J］. Tunnelling and Underground Space Technology，2012，30：25-37.

［23］Chen R，Li J，KongL，et al. Experimental study on face instability of shield tunnel in sand［J］. Tunnelling and Underground Space Technology，2013，33：12-21.

［24］Wong K S，Ng C W.，Chen Y M，et al. Centrifuge and numerical investigation of passive failure of tunnel face in sand［J］. Tunnelling and Underground Space Technology，2012，28：297-303.

［25］Schofield A N. Cambridge geotechnical centrifuge operations［J］. Geotechnique，1980，30（3）：227-268.

［26］Chen W F. Limit analysis and soil plasticity［M］. Amsterdam：Elsevier，1975.

［27］陈祖煜.土力学经典问题的极限分析上、下限解［J］.岩土工程学报，2002，（1）：1-11.

［28］HornN. HorizontalerErddruck Auf SenkrechteAbschlussflaechen von Tunnelroehren［J］.

Landeskonferenz Der Ung- ArischenTiefbauindustrie, 1961: 7-16.

[29] Broere W. Tunnel face stability & new CPT applications[D]. Delft: Delft University of Technology, 2001.

[30] Anagnostou G, Perazzelli P. The stability of a tunnel face with a free span and a non - uniform support[J]. Geotechnik, 2013, 36(1): 40-50.

[31] Oreste PP, Dias D. Stabilisation of the excavation face in shallow tunnels using fibreglass dowels[J]. Rock Mechanics and Rock Engineering, 2012, 45(4): 499-517.

[32] 陈仁朋, 齐立志, 汤旅军, 等. 砂土地层盾构隧道开挖面被动破坏极限支护力研究[J]. 岩石力学与工程学报, 2013, 32(S1): 2877-2882.

[33] 武军, 廖少明, 时振昊. 考虑土拱效应的盾构隧道开挖面稳定性[J]. 同济大学学报(自然科学版), 2015, 43(2): 213-220.

[34] Pan Q, DiasD. Upper-bound analysis on the face stability of a non-circular tunnel[J]. Tunnelling and Underground Space Technology, 2017, 62: 96-102.

[35] 宋春霞, 黄茂松, 吕玺琳. 非均质地基中平面应变隧道开挖面稳定上限分析[J]. 岩土力学, 2011, 32(9): 2645-2650, 2662.

[36] 吕玺琳, 王浩然, 黄茂松. 盾构隧道开挖面稳定极限理论研究[J]. 岩土工程学报, 2011, 33(1): 57-62.

[37] Mollon G, Phoon KK, Dias D, et al. Validation of a new 2D failure mechanism for the stability analysis of a pressurized tunnel face in a spatially varying sand[J]. Journal of Engineering Mechanics, 2010, 137(1): 8-21.

[38] Leca E, Dormieux L. Upper and lower bound solutions for the face stability of shallow circular tunnels in frictional material[J]. Geotechnique, 1990, 40(4): 581-606.

[39] Mollon G, Dias D, Soubra A H. Face stability analysis of circular tunnels driven by a pressurized shield[J]. Journal of Geotechnical and Geoenvironmental Engineering, 2009, 136(1): 215-229.

[40] Subrin D, Wong H. Stabilité du front d'un tunnel en milieu frottant: un nouveau mécanisme de rupture 3D[J]. Comptes Rendus Mécanique, 2002, 330(7): 513-519.

[41] Mollon G, Dias D, Soubra AH. Rotational failure mechanisms for the face stability analysis of tunnels driven by a pressurized shield [J]. International Journal for Numerical and Analytical Methods in Geomechanics, 2011, 35(12): 1363-1388.

[42] Pan Q, Dias D. Face stability analysis for a shield-driven tunnel in anisotropic and nonhomogeneous soils by the kinematical approach [J]. International Journal of Geomechanics, 2015, 16(3): 04015076.

［43］ Pan Q, Dias D. Safety factor assessment of a tunnel face reinforced by horizontal dowels ［J］. Engineering Structures, 2017, 142: 56-66.

［44］ Pellet F, Descoeudres F, Egger P. The effect of water seepage forces on the face stability of an experimental microtunnel［J］. Canadian Geotechnical Journal, NRC Research Press, 1993, 30(2): 363-369.

［45］ Lee I M, Nam S W, Ahn J H. Effect of seepage forces on tunnel face stability［J］. Canadian Geotechnical Journal, 2003, 40(2): 342-350.

［46］ Soranzo E, Wu W. Centrifuge test of face stability of shallow tunnels in unsaturated soil ［C］//Poromechanics Ⅴ: Proceedings of the Fifth Biot Conference on Poromechanics. 2013: 1326-1335.

［47］ 陈仁朋, 尹鑫晟, 汤旅军, 等. 考虑渗流条件下开挖面失稳离心试验研究［J］. 岩土力学, 2015, 36(S1): 225-229.

［48］ 金大龙, 袁大军, 郑浩田, 等. 高水压条件下泥水盾构开挖面稳定离心模型试验研究 ［J］. 岩土工程学报, 2019, 41(9): 1653-1660.

［49］ 袁大军, 吴俊, 沈翔, 等. 超高水压越江海长大盾构隧道工程安全［J］. 中国公路学报, 2020, 33(12): 26-45.

［50］ 沈翔, 袁大军, 吴俊, 等. 高水压泥水平衡盾构掘进模型试验平台的研制与应用 ［J］. 中国公路学报, 2020, 33(12): 164-175.

［51］ 程展林, 吴忠明, 徐言勇. 砂基中泥浆盾构法隧道施工开挖面稳定性试验研究［J］. 长江科学院院报, 2001(5): 53-55, 64.

［52］ 李昀, 张子新, 张冠军. 泥水平衡盾构开挖面稳定模型试验研究［J］. 岩土工程学报, 2007(7): 1074-1079.

［53］ Broere W, Van Tol A F. Influence of infiltration and groundwater flow on tunnel face stability ［J］. Geotechnical aspects of underground construction in soft ground, 2000, 1: 339-344.

［54］ Broere W, Van Tol A F. Time-dependent infiltration and groundwater flow in a face stability analysis［J］. Modern Tunneling Science and Technology, 2001: 629-634.

［55］ Bezuijen A, Pruiksma J P, Van Meerten H H. Pore Pressures in front of tunnel, measurements, calculations and consequences for stability of tunnel face ［C］// Modern Tunneling Science and Technology: Proceedings of the International Symposium. Kyoto, Japan, 2001: 27-33.

［56］ 闵凡路, 朱伟, 魏代伟, 等. 泥水盾构泥膜形成时开挖面地层孔压变化规律研究［J］. 岩土工程学报, 2013, 35(4): 722-727.

［57］ Min F, Zhu W, Han X. Filter cake formation for slurry shield tunneling in highly permeable sand[J]. Tunnelling and Underground Space Technology, 2013, 38: 423-430.

[58] 魏代伟, 朱伟, 闵凡路. 砂土地层泥水盾构泥膜形成时间及泥浆压力转化率的试验研究 [J]. 岩土力学, 2014, 35(2): 423-428.

[59] 曹利强, 张顶立, 房倩, 等. 泥水盾构泥浆在砂土地层中的渗透特性及对地层强度的影响[J]. 北京交通大学学报, 2016, 40(6): 7-13, 31.

[60] 韩晓瑞, 朱伟, 刘泉维, 等. 泥浆性质对泥水盾构开挖面泥膜形成质量影响[J]. 岩土力学, 2008, 29(S1): 288-292.

[61] Anagnostou G, Kovári K. The face stability of slurry-shield-driven tunnels[J]. Tunnelling and underground space technology, 1994, 9 (2): 165-174.

[62] 白云, 孔祥鹏, 廖少明. 泥水盾构泥膜动态形成机制研究[J]. 岩土力学, 2010, 31 (S2): 19-24.

[63] 刘成, 孙钧, 赵志峰, 等. 泥水盾构泥膜形成二维理论分析[J]. 岩土力学, 2013, 34 (6): 1593-1597, 1628.

[64] 陈仁朋, 尹鑫晟, 李育超, 等. 泥水盾构泥膜渗透性及其对开挖面稳定性影响[J]. 岩土工程学报, 2017, 39(11): 2102-2108.

[65] Zizka Z, Schoesser B, Thewes M. Investigations on transient support pressure transfer at the tunnel face during slurry shield drive part 1: Case A-Tool cutting depth exceeds shallow slurry penetration depth [J]. Tunnelling and Underground Space Technology, 2021, 118: 104168.

[66] Zizka Z, Schoesser B, Thewes M. Investigations on the transient support pressure transfer at the tunnel face during slurry shield drive Part 2: Case B-Deep slurry penetration exceeds tool cutting depth[J]. Tunnelling and Underground Space Technology, 2021, 118.

[67] Talmon A M, Mastbergen D R, Huisman M. Invasion of pressurized clay suspensions into granular soil[J]. Journal of Porous Media, 2013, 16(4): 351-365.

[68] Winterwerp J C, KESTEREN V. Introduction to the physics of cohesive sediment in the marine environment[M]. Elsevier, 2004.

[69] Krause T. Schildvortrieb mit flüssigkeits-und erdgestützter Ortsbrust [D]. Mitteilungen des Instituts für Grundbau und Bodenmechanik der Technischen Universität Braunschweig, 1987.

[70] Huisman M. Static plastering, Theory and experiments, BTL-report 34 [J]. WL丨Delft Hydraulics J, 1998, 1384.

[71] Xu T, Bezuijen A. Experimental study on the mechanisms of bentonite slurry penetration in front of a slurry TBM [J]. Tunnelling and Underground Space Technology, 2019, 93: 103052.

［72］ Bezuijen A, Sanders M P M, Den Hamer D. Parameters that influence the pressure filtration characteristics of bentonite grouts［J］. Géotechnique, 2009, 59(8): 717-721.

［73］ API. Recommended Practice Standard Procedure for Field Testing Water-Based Drilling Fluids, 13B-1, 3rd ed［S］. American Petroleum Institute, Washington, DC. 2003.

［74］ 汝俊起. 泥浆含砂量对泥水盾构泥浆成膜性能影响的试验研究［J］. 中国安全生产科学技术, 2022, 18(2): 191-197.

［75］ ASTM. Standard Test Method for Classification of Soils for Engineering Purposes (Unified Soil ClassificationSystem)［S］. 2006.

［76］ Xu T, Bezuijen A. Pressure infiltration characteristics of bentonite slurry［J］. Géotechnique, 2019, 69(4): 364-368.

［77］ Hou C, Pan Q, Xu T, et al. Three-dimensional tunnel face stability considering slurry pressure transfer mechanisms［J］. Tunnelling and Underground Space Technology, 2022, 125: 104524.

［78］ Zizka Z, Thewes M. Recommendations for face support pressure calculations for shield tunnelling in soft ground［J］. Tunnelling Committee (ITA-AITES), 2016.

［79］ COB (Centre for Underground Construction). SecondHeinenoord tunnel evaluation report［R］. COB report K100-06, 2000.

［80］ 徐芝纶. 弹性力学简明教程［M］. 4 版. 北京: 高等教育出版社, 2013.

［81］ 李广信. 高等土力学［M］. 北京: 清华大学出版社, 2004.

［82］ 陈明祥. 弹塑性力学［M］. 北京: 科学出版社, 2007.

［83］ CHEN W F. Limit analysis and soil plasticity［M］. New York: Elsevier Scientific Publishing Company, 1975.

［84］ 赵炼恒, 李亮, 杨峰, 等. 边坡稳定性非线性能耗分析理论［M］. 北京: 科学出版社, 2019: 12-19.

［85］ 杨峰. 浅埋隧道围岩稳定性的极限分析上限法研究［D］. 长沙: 中南大学, 2009.

［86］ Chen X, Wang D, Yu Y, et al. A modified Davis approach for geotechnical stability analysis involving non-associated soil plasticity［J］. Géotechnique, 2020, 70(12): 1109-1119.

［87］ Soubra A H, Dias D, Emeriault F, et al. Three-dimensional face stability analysis of circular tunnels by a kinematical approach［C］//In GeoCongress 2008: Characterization, Monitoring, and Modeling of GeoSystems, Louisiana, March 9-12, 2008. ASCE, New Orleans, 2008: 894-901.

［88］ Phoon KK, Tang C. Characterisation of geotechnical model uncertainty［J］. Georisk: Assessment and Management of Risk for Engineered Systems and Geohazards, 2019, 13(2):

101-130.

[89] Yang H Q, Zhang L, Pan Q, et al. Bayesian estimation of spatially varying soil parameters with spatiotemporal monitoring data[J]. Acta Geotechnica, 2021, 16(1): 263-278.

[90] Zhang J, Zhang L M, Tang W H. Bayesian framework for characterizinggeotechnical model uncertainty[J]. Journal of Geotechnical and Geoenvironmental Engineering, 2009, 135(7): 932-940.

[91] Anagnostou G, Kovari K. Face stability conditions with earth-pressure-balanced shields [J]. Tunnelling and Underground Space Technology, 1996, 11(2): 165-173.

[92] Anagnostou G. The influence of tunnel excavation on the hydraulic head[J]. International journal for numerical and analytical methods in geomechanics 1995, 19(10): 725-746.

[93] Perazzelli P, Leone T, Anagnostou G. Tunnel face stability under seepage flow conditions [J]. Tunnelling and Underground Space Technology, 2014, 43: 459-469.

[94] DeBuhan P, Cuvillier A, Dormieux L, et al. Face stability of shallow circular tunnels driven under the water table: a numerical analysis [J]. International journal for numerical and analytical methods in geomechanics, 1999, 23(1): 79-95.

[95] Kaalberg F J, Ruigrok J A T, De Nijs R. TBM face stability & excess pore pressures in close proximity of piled bridge foundations controlled with 3D FEM[S]//In Proceedings of the 8th international symposium on geotechnical aspects of underground construction in soft ground. London, UK: Taylor & Francis, 2014: 555-560.

[96] Steeneken S P, Excess pore pressure near a slurry tunnel boring machine: modelling and measurement[D]. Delft: Delft University of Technology, 2016.

[97] Hu X, Fang Y, Walton G, He C. Laboratory model test of slurry shield tunnelling in saturated sandy soil[J]. Géotechnique, 2022, 73(10): 885-906.

[98] Zizka Z, Schoesser B, Thewes M, et al. Slurry shield tunneling: new methodology for simplified prediction of increased pore pressures resulting from slurry infiltration at the tunnel face under cyclic excavation processes[J]. International Journal of Civil Engineering, 2019, 17: 113-130.

图书在版编目(CIP)数据

泥水盾构隧道掘进力学／潘秋景等著. —长沙：
中南大学出版社，2024.8
ISBN 978-7-5487-5119-9

Ⅰ. ①泥… Ⅱ. ①潘… Ⅲ. ①隧道施工—盾构—稳定
性—极限分析 Ⅳ. ①U455.43

中国版本图书馆 CIP 数据核字(2022)第 178622 号

泥水盾构隧道掘进力学
NISHUI DUNGOU SUIDAO JUEJIN LIXUE

潘秋景　徐　涛　侯传坦　王树英　著

□出 版 人	林绵优
□责任编辑	刘颖维
□封面设计	李芳丽
□责任印制	李月腾
□出版发行	中南大学出版社
	社址：长沙市麓山南路　　　　邮编：410083
	发行科电话：0731-88876770　　传真：0731-88710482
□印　　装	长沙印通印刷有限公司

□开　　本	710 mm×1000 mm　1/16　□印张 9.75　□字数 166 千字
□版　　次	2024 年 8 月第 1 版　　□印次 2024 年 8 月第 1 次印刷
□书　　号	ISBN 978-7-5487-5119-9
□定　　价	78.00 元